Das Buch
»Habe also eine Tür beschmiert und habe die Ehre, das teuer bezahlt zu bekommen. Man will eine Schule nach mir benennen? Nun denn, wenn sie im feinsten Viertel liegt, an mir soll es nicht liegen! Wie gut, daß ich ein Künstler bin!«
Max Goldt ist einer, der es für angebracht hält, in Bücher »nicht nur blasse Koketterien, sondern auch ein wenig Weltliteratur hineinzuschaufeln«. Und so hält er es auch mit dieser Sammlung »ausgesuchter schöner Texte«: 44 satirische Miniaturen, Prosastückchen, Gedichte, Monologe, fiktive Reportagen, Interviews, szenische Dialoge zum Lachen, Weinen, Schreien – wie man eben will.

Der Autor:
Max Goldt, geboren 1958 in Göttingen, lebt seit 1977 als Musiker und freier Schriftsteller in Berlin. Er gründete 1981 zusammen mit Gerd Pasemann das Duo »Foyer des Arts«. Zahlreiche Schallplattenveröffentlichungen, auch solo, folgten. 1984 erschien sein erstes Buch *Mein äußerst schwer erziehbarer schwuler Schwager aus der Schweiz*, 1988 *Ungeduscht geduzt und ausgebuht.* Seit 1989 schreibt Max Goldt für die Satirezeitschrift »Titanic«.

MAX GOLDT

DIE RADIOTRINKERIN

Ausgesuchte schöne Texte

Mit einem Vorwort von
ROBERT GERNHARDT

WILHELM HEYNE VERLAG
MÜNCHEN

HEYNE ALLGEMEINE REIHE
Nr. 01/8739

Einzig berechtigte Taschenbuchausgabe
Wilhelm Heyne Verlag GmbH & Co. KG, München
Printed in Germany 1993
Konzeption und Gestaltung: Urs Jakob
Umschlagillustration: Michael Sowa
Umschlaggestaltung: Atelier Ingrid Schütz, München
Gesamtherstellung: Ebner Ulm

ISBN 3-453-06373-2

Inhalt

Vorwort von Robert Gernhardt 7
Wie gut, daß ich ein Künstler bin! (1988) 10
Blödmann (1988) 13
Einmarsch der Hauptstädterinnen (1986) 16
Die Dolmetscherin und das Double (1987) 18
Wenn ich König wär (1985) 23
Träume 1 & 2 (1986 und 1985) 24
Zehn hoch achtundfünfzig (1987) 30
Affe in Milch 1 & 2 (1985) 40
Ein Künstlersteckbrief (1987) 42
Das Gründungskonzert des
Weltjugendnichtraucher-Orchesters (1987) . . . 45
Ausländerinnen im Gespräch (1986) 48
Die Ansprache des Bahnhofsbischofs (1987) . . . 51
Eberhard (1985) 55
Gespräch mit der Radiotrinkerin (1987) 57
Dreizimmerwohnungen oder:
Geweihe brennen schlecht (1986) 70
Der autoritäre Salon (1988) 74
Der unbekannte Geruch (1986) 82
Eines Morgens . . . (1988) 89
Ein Eimer Erbsen mittelfein (1983) 90
Ein Wochenende in Bad Blut (1984/86) 91
Tante Rahmbein (1983) 93
Monolog des morganatischen Maurers (1984) . . 94
Die symbolische Nachbarin (1984) 96
Rentnerzirkus Rudi Kipp (1984) 98
Sympathy for the Devil (1989) 99
Straßenbefragung (1983) 103
Dürrenmatt (1986) 108
Pubertät (1984/87) 109

Was für ein Elternhaus (1985) 111
Wissenswertes über Erlangen (1981) 112
Salzburg, Hilton,
1972 an einem Sommerabend (1983) 115
Kleine Sachkunde (1983) 117
Frühlingselend am Lago di Como (1984) 119
Ein Verwechslungsfall im Wintersportmilieu
(ohne Lilian Harvey) (1983) 120
Türklinke im Ärmel (1989) 121
Die Visitenkarte einer Frau (1984) 123
Rhododendron (1982) 124
Ein Arzt, wie er nicht sein soll (1986) 127
Zurück in die Heimat (1983) 129
Unter schlechtem Einfluß (1983) 130
Der Sommerverächter (1989) 135
Junger Mann, der sich eine Schallplatte
gekauft hat (1990) 140
Die legendäre letzte Zigarette (1990) 147
Nachwort des Autors 155

DER FLUCH DER GUTEN TAT
Ein Vorwort

Etwas zu wissen und auch danach zu handeln ist ganz einfach zuviel für einen einzelnen Menschen, sagte mein Eidam Jockel gerne, und ich bin der beste Beweis für diese Behauptung. »Keine Sau will mehr rühmen, jedes noch so dumme Schwein möchte berühmt werden«, hatte ich bereits 1982 geschrieben und war dann doch immer wieder selbst unter die Rühmer gegangen, wenn auch hinter falschem Bart und Namen versteckt. Als Hans Mentz nämlich kontrollierte ich gemeinsam mit anderen ›Titanic‹-Mitarbeitern Monat für Monat die Komik-Szene, und dabei geriet mir Mitte der 80er auch jener Mann ins Visier, der dieses Buch verfaßt und mir die zweischneidigste Erinnerung an die 90er Buchmesse beschert hat.

Dabei hatte alles so schön begonnen, auf einem Buchmessenempfang und mit einem jener verheißungsvollen Sätze, die allein den Mann der Feder für die tägliche Fron am Schreibtisch und die sporadische Teilnahme am eklen Messerummel zu entschädigen in der Lage sind: »Diese junge Dame hier ist eine Verehrerin von Ihnen und möchte Sie gerne kennenlernen.«

Daß die junge Dame bezaubernd war, sah jeder, daß sie überdies belesen war, merkte ich rasch. Freilich weiß ich bis auf den heutigen Tag nicht, ob sie jemals etwas von mir gelesen hat, da bereits einer ihrer ersten Sätze lautete: »Wer ja auch gut ist, ist der Max Goldt.«

»Ja, sicher«, stimmte ich herzlich zu, im Glauben, sie wolle nicht mit der Tür ins Haus fallen, sondern sich vielmehr via Randlob ins Zentrum des zu Lobenden vorarbeiten.

»Ich bin nämlich Schauspielerin. Und Max Goldts Texte

lesen sich nicht nur gut, sie lassen sich auch hervorragend vorlesen.«

»Kein Wunder«, räumte ich verbindlich ein, »ist doch dieser Max Goldt bereits Anfang der 80er als Vortragender und Musiker bekannt geworden, Jahre bevor er diese Vortragstexte zu Druck beförderte!«

»Ach – das wußte ich ja gar nicht!«

»Sollten Sie aber wissen«, sagte ich unbedacht. »Max Goldts Discographie zählt von 1980 bis heute rund 25 Platten auf, Singles, Solo-Alben und solche, die er als Mitglied des Duos ›Foyer des Arts‹ mitzuverantworten hat, darunter eine LP mit dem vielversprechenden Titel ›Die Unfähigkeit zu frühstücken‹.«

Die Schauspielerin lachte hell auf, und ich leistete ihr höflich Gesellschaft. So, dachte ich, und nun zur Sache!

Machen wir es kurz. Es kam nie dazu, sofern man unter Sache dasselbe versteht wie ich: mich. Das Thema blieb Max Goldt, und mir blieb nichts anderes übrig, als aus der Not eine Tugend zu machen und mich der jungen Dame gegenüber wenn schon nicht als Gerühmter so doch als Rühmender zu profilieren: Daß ich Max Goldt als erster in einem überregionalen Periodikum genannt und gelobt hätte, 1986 in ›Titanic‹, daß mir freilich schon früher die irritierenden Qualitäten seiner irrlichternden Komik aufgefallen seien, da Max Goldt mich bereits 1981 gebeten habe, ihm ein Cover für seine Platte »Eine Königin mit Rädern untendran« zu zeichnen, was ich freilich mit den Worten –

»Und das ist auch noch sehr gut vom Max Goldt, dieser ›Monolog eines monogamen Maurermeisters‹«, unterbrach mich die nun vollends als Goldt-Verehrerin entlarvte Dame, worauf ich mich schamlos als Goldt-Kenner zu erkennen gab: Daß der korrekte Titel dieses in der Tat ansprechenden Textes ja wohl »Monolog des morganatischen Maurers« laute, daß der Verfasser gerade diesen Monolog ganz hervorragend zu lesen verstehe, wie ja überhaupt ein Besuch seiner Lesungen ebenso zu empfehlen sei wie eine Lektüre seiner fabelhaften Onkel-Max-Kolumne, allmonatlich in ›Titanic‹, mittels deren er sich in kürzester Zeit den raren Status eines Kult-Kolumnisten erschrieben habe –

»Der macht aber viel, der Max Goldt!« staunte die Verehrerin.

»Der macht noch viel mehr, Verehrteste!« gab ich kühl zurück. »Zur Zeit stellt er gerade ein Taschenbuch für den Haffmans Verlag zusammen, eine Sammlung der signifikantesten Texte aus seinem 1984 erschienenen Buch ›Mein äußerst schwer erziehbarer schwuler Schwager aus der Schweiz‹, mit dem 1988 veröffentlichten Nachfolger ›Ungeduscht, geduzt und ausgebuht‹ sowie mit längeren Texten, die bisher lediglich in ›Titanic‹ zu lesen waren. Ein Goldt-Konzentrat also, das, wie ich mit gutem Grund erwarte, zweierlei bewirken wird: helle Freude bei den Lesern und tiefe Nachdenklichkeit bei den Kulturvermittlern, die das Problem, des Grenzgängers Goldt habhaft zu werden, bisher dadurch gelöst haben, daß sie ihm und seinem Werk konsequent aus dem Wege gegangen sind.«

»Oh«, rief die Schauspielerin aus, »dieses Buch werde ich mir aber sofort kaufen!«

»Tun Sie das!« versetzte ich und fügte mit gespielter Beiläufigkeit hinzu: »Übrigens werde ich das Vorwort dazu schreiben . . .«

»Nein wirklich? Ach, wie herrlich!« Mein Gegenüber blickte mich aus strahlenden Augen an, fast war mir, als leuchte auf dem Grunde dieser makellosen Aquamarine so etwas wie ein Gefühl auf. Verehrung etwa?

Robert Gernhardt

Wie gut, daß ich ein Künstler bin!

Habe also eine Tür beschmiert und habe die Ehre, das teuer bezahlt zu bekommen. Man will eine Schule nach mir benennen? Nun denn, wenn sie im feinsten Viertel liegt – an mir soll es nicht liegen! Wie gut, daß ich ein Künstler bin!

Man stelle sich bloß einmal vor, ich wäre statt dessen ein Richter. Hilfs- und Hauptschöffen sowie Verteidiger würde ich sofort des Saales verweisen, damit ich nicht nur den vermaledeiten Angeklagten, sondern auch Zeugen und Sachverständige tüchtig anschreien könnte. Wenn mir einer schiefgescheitelt, übel parfümiert oder in ungenehmigtem Hemde daherkäme, würde ich ihn umgehend zum Tode verurteilen, sei er auch nur Windelveruntreuer oder sonstwie lapidar. Gnadengesuchssteller würde ich nur auslachen und statt Gnade zu gewähren, Likör trinken. Massenmörder hingegen würde ich frei herumlaufen lassen, wenn sie mir nur eine Spur sympathisch oder nützlich erschienen. Läge z. B. bei mir zu Hause irgendeine Reparatur an, würde ich den Massenmörder fragen, ob er mir das wohl schnell mal machen könnte, und schon wäre er auf freiem Fuß. Könnte er nicht, schösse ich ihn auf der Stelle nieder, da könnte er noch so nett dreinschauen. Niemand hierzulande würde einen solchen Richter wie mich gutheißen. Wie gut, daß ich nicht Richter bin!

Als Lehrer, der ich glücklicherweise auch nicht bin, wäre ich freilich um keinen Deut besser. Statt Deutsch würde ich die Kinder selbstausgedachte Idiome lehren und frank und frei behaupten, der Mensch stamme vom Kaktus ab. Nach dem Unterricht würde ich die reizenderen unter den Schülern mit nach Hause nehmen und sie mit für Jugendliche völlig ungeeignetem Lesestoff oder sogar entsprechenden Abbildungen konfrontieren.

Wenn einer mault, kommt er in den Wandschrank, und Schluß damit. Tür schnappt zu, und tja, der kleine Hoffnungsträger muß verdursten. Eltern wären zu Recht empört über so einen Lehrer. Wie gut, daß ich nicht Lehrer bin!

Ich bin nicht Richter, bin nicht Lehrer, auch keine Marketenderin, um hier mal einen unpassenden Ausdruck einzuflechten – als solche würde ich fürs Kilo Wirsing glattweg 80 Mark verlangen und dabei auch noch schnippisch gucken –, was bin ich also, was bin ich denn?

Ei, ich bin ein Künstler. Ein Künstler hat es gut. Er braucht nur eine alte Tür mit Farbe zu beschmieren und zu sagen: Das ist Kunst. Käme dagegen ein Richter mit so einer Tür und sagte: Das ist Gerechtigkeit, würde man ihn verhöhnen, und einem Lehrer, der sich herausnähme, auf besagte Tür zu deuten mit dem Hinweis, dieses sei Erziehung, würde es kaum besser gehen. Ein Künstler dagegen, der sagt, das sei Kunst, erntet Lob, internationales womöglich, Zustimmung, hochdotierte Preise und gratis Inspirationsaufenthalte in Kulturmetropolen, wo der Wein in Strömen fließt und Frauen sich nicht lange zieren.

Künstlern zuliebe werden Straßen umbenannt und verbreitert, an denen dann mittags, wenn der Künstler Brötchen holen gefahren wird, fähnchenschwenkende Schulklassen stehen. Hausfrauen und Studentinnen fallen anschließend beim Bäcker in Ohnmacht.

Auch der attraktiven Gattin des Bundespräsidenten zittern ein wenig die Hände, wenn sie einem von uns Künstlern einen Tee eingießt. Ausnahmsweise könnte es auch vorkommen, daß einer wie ich der Präsidentengattin ihren Tee in ihre Haare gießt. Das soll man aber nicht dramatisieren. Künstler sind halt ein launisches Völkchen. Dem wird in der Bevölkerung im allgemeinen uneingeschränktes Verständnis entgegengebracht.

»Er leidet halt ganz schrecklich an der Nichtigkeit des Seins«, wird die Präsidentenfrau beim Haarewaschen denken, und abends sagt sie ihrem Mann nur leise: »Du hättest seine dämonischen Augen sehen sollen. Ein Künstler von Kopf bis Fuß!« Ein Entschuldigungsschreiben wird sie nicht erwarten, aber manchmal ein wenig heimliche Sehnsucht haben nach diesem fuchsteufelswilden Kreativen. Tja, so sind wir halt.

Keiner wird es einem Künstler übelnehmen, wenn er den Tag und Nacht vor seinem Hause lauernden Herren und Damen Journalisten die Kameras zertrümmert oder Autogrammjägern ihre Kugelschreiber in den Rücken rammt. »Der Arme! Er hat eine Schaffenskrise!« werden sie wispern und dem Künstler beide Daumen drücken, auf daß es ihm bald besser gehe.

Als Künstler ist man beliebt. Man braucht keine Miete zu zahlen und Steuern und Strom schon gar nicht. Stattdessen bekommt man von der lieben Künstlersozialkasse die herrlichsten Geldbeträge überwiesen und zum Geburtstag einen riesigen Blumenstrauß. Wie gut, daß ich nicht Richter oder Lehrer bin! Wie gut, daß ich ein Künstler bin!

Blödmann

I.

Wenn man durch diese Stadt geht – oder, wenn es sein muß, auch durch eine andere –, trifft man leider alle naslang einen Blödmann, der sich wahrscheinlich auf dem Weg in ein Lokal befindet, wo sie dann alle sitzen und selbstgedrehte Zigaretten rauchen, die Blödmänner. Blödmann wie Blödfrau trinkt Weizenbier, zu viert, zu fünft, zu sechst, an einem runden Tisch mit einem Aschenbecher in der Mitte. Aus Lautsprecherboxen dringt Lautstärke, und statt daß mal ein Blödmann horcht und endlich feststellt, daß da nichts Hörenswertes, sondern Dummes dröhnt, lassen sie ihrerseits aus ihren Mündern noch zusätzlich Lautstärke quellen. Was gibt es da wohl zu bereden? Werden da Meinungen ausgetauscht oder – was wohl besser wäre – Kenntnisse und Ideen? Aber nein, denn sie alle haben dieselbe Meinung und dieselben Ideen, da sie alle die gleiche Zeitung lesen. Noch nie ist es in einer Blödmannstube vorgekommen, daß sich einer erhob und rief: »Stoppt die Lautsprecher! Tötet die miese Musike! Ich habe eine Idee!« Und wenn das mal passierte: Keiner würde hinhören. Vernarrt sind sie, die Blödmänner, in das Gemisch aus Qualm und Lautstärke – Atmosphäre nennen sie's (Blödmänner verwechseln alles) – und wünschen, nicht von Ideen behelligt zu werden. Und solang man so duldsam wie bisher mit ihnen umspringt, wird sich da kein Jota ändern, oder vielleicht doch – ja, jetzt: Ich pack mir einen Blödmann an der Gurgel oder am Revers und sag ihm mutdurchdrungen folgendes:

»Schweig mal drei Minuten, Blödmann! Kannst du das? Du verwechselst alles miteinander, rauchst selbstgedrehte Zigaretten, in Deutschland ist es dir zu kalt, und zu jedem

Schund hast du eine deiner berühmten eigenen Meinungen; kurz gesagt: Du bist ein Blödmann. Ein lausiger Lauthals, Dreinredner und Lautsprecher-Typ. Was deine Meinungen angeht, laß dir gesagt sein, daß es voll und ganz ausreicht, wenn ich mir die Mühe mache, auf Standpunkten zu stehen. Sei dankbar dafür, daß ich diese Arbeit übernehme, applaudiere mir und schweig ansonsten, zu mehr taugst du nicht!«

So redete ich eben, Adressat war ein Blödmann, der jetzt glotzt. Ich greif mir den Verdatterten, schleife ihn in meine Wohnung und fahre natürlich unmittelbar mit meinem berechtigten Levitenlesen fort:

»Was bibberst du, Blödmann? Ist es dir zu kalt? Ich habe 18 Grad hier, und das ist gerade richtig. Ich sage dir: In Deutschland ist es nicht zu kalt. Das Wetter ist immer gerade richtig. Die Sonne scheint immer im rechten Moment, und wenn es mal regnet oder schneit an einem Tag, dann heißt das eben, daß Sonnenschein an diesem Tage nichts zu suchen hat bei uns und daher freundlicherweise und logischerweise wegbleibt. Man muß dem Wetter immer beipflichten. Blödmänner begreifen das natürlich nicht. Kaum daß sich bei ihnen ein bißchen Geld versammelt hat, lassen sie alles stehen und liegen und fahren in kochendheiße Länder mit riesigen Insekten und bekloppten Religionen, wo regelmäßig überfüllte Fähren kentern. Dort leben sie für ungeheuer wenig Geld und prahlen dann zu Haus damit, als ob es ihr Verdienst wär oder eine Leistung, für fünf Mark zu übernachten oder sich für zwei Mark satt zu essen, incl. Getränke. Am liebsten würden sie das ganze Jahr hindurch ›da unten‹ bleiben. Je nun, das liebe Geld. Blödmänner haben immer kein Geld. Wer keines hat, muß sich halt was verdienen; und wenn man es nicht gleich wieder ausgibt für unnütze Autos und Urlaubsreisen, dann wird es mehr und mehr, und irgendwann ist man reich. Was denn, du willst widersprechen und mal wieder anders meinen? Ich will nichts hören. Wo hast du sie nur alle zusammengeschnorrt, deine ewigen Meinungen über dies und das und jenes? Ich kann es mir schon denken! In Lokalen, wo es nach selbstgedrehten Zigaretten und sogenannter Kreativität riecht und wo hämestrotzende Zeitungen ausliegen, gefüllt mit Neins und kessen Meinungen, die du und deine Besserwisserkompanie sich gierig einverleiben, bis ihr prallvoll Meinung seid. Billige Pralinen! Was, schon wieder Widerworte? Das hört jetzt auf. Hier habe ich ein Messer, da auch eine Axt, und hier ist noch ein dicker fetter Vorschlaghammer. Du kannst wählen. Ach was, ich frag dich gar nicht erst, du hast genug gesagt in deinem Leben.«

II.

Ja, Blödmann, jetzt liegst du in meinem Bett, wo ich ausgerechnet so einen wie dich nun wirklich nicht gern haben wollte. Doch jetzt bist du darin am besten aufgehoben. Sprichst du? Leise sagst du, du müßtest jetzt wohl sterben. Wo hast du das nun wieder her, was ist wieder das für eine Meinung? An so was stirbt man doch nicht gleich. Aber Blödmänner jammern halt immer herum. Still, Blödmann, Lauthals, Jammervogel, still ist es geworden. Die Lautsprecher sind abgestellt, ich höre keine mehr. Miese Musik mag es irgendwo weit fort noch geben, doch ich höre keine mehr. Ist es nicht schön, wenn es still ist, Blödmann? Hast du etwas Hunger oder Durst? Nein? Ist es nicht schön, auf der Bettkante zu sitzen, neben sich einen, den langsam die Kräfte verlassen? Ist das schön, Blödmann? Soll ich mich zu dir legen? Was meinst du, Blödmann?

Einmarsch der Hauptstädterinnen

... Wir sollten uns jetzt durch diese in der Geschichte dieses Ereignisses beispiellose Provokation der Pariserinnen nicht die Vorfreude auf das angehende Spektakel verderben lassen. Die Wienerinnen machen da ja sicher wieder einiges wett. O ja, die Wienerinnen. Ich habe nicht zu viel versprochen. Es folgen die Madriderinnen. Das Schiefhalten der Transparente sind wir aus vergangenen Jahren ja leider von der Iberischen Halbinsel gewöhnt.

... Jetzt die Stockholmerinnen: Man sieht verhältnismäßig wenig blond. Nur noch 25% der Schwedinnen sind blond, noch um die Jahrhundertwende waren es satte 50%. Danach die Bukaresterinnen ... Sie werden es schon bemerkt haben: Die Damen sind nicht alphabetisch geordnet. Die Luxemburgerinnen ... nicht sehr zahlreich ... was auch nicht verwundert bei einem so kleinen, aber schönen Land ... viel Applaus ... Die Londonerinnen in Landestracht, nein, ich höre gerade, das ist nicht die Landestracht. Es ist vielmehr eine neue Uniform von Mary Quant, die seinerzeit dem Minirock zum Siegeszug um die Welt verholfen hat ... Ach, und da sind ja die Moskauerinnen, die sich ja jedes Jahr etwas Originelles einfallen lassen. Dieses Jahr erscheinen die Vertreterinnen der UdSSR im drolligen Oma-Look; der Einzug der Moskauerinnen entpuppt sich als ein überaus heiterer Streifzug durch die sowjetische Nostalgieszene. Und da sind auch schon die Amsterdamerinnen ... Die Stimmung im Stadion überschreitet langsam den Siedepunkt ... ja, die Amsterdamerinnen ... Die Bannerträgerin heißt Tonia van Schloten, 22 Jahre jung, der Vater Zahnarzt ... aus natürlich Amsterdam. Anschließend die kleine Delegation aus Ost-Berlin ... Es ist, meine Damen und Herren, sicher eine

Frage des Standpunkts, ob man die in letzter Minute erfolgte Absage der Bonnerinnen bedauern soll oder nicht . . . Hier sieht man auch manche reifere Dame, nein, das ist nicht Ost-Berlin, das ist Dublin, wo offenbar ganz andere Werte als bloße Jugendlichkeit hochgehalten werden . . . Jetzt die Pragerinnen, Sie sehen richtig, die Teilnehmerinnen aus Prag erscheinen durch die Bank im Adams-, Verzeihung, natürlich Evaskostüm. Es ist ohne Zweifel sicher etwas ungewöhnlich, doch die vermutlichen Beweggründe der CSSR-Führung leuchten auch hier durchaus ein . . . Die Athenerinnen etwas außer Atem . . . Alle Delegationen sind jetzt da, nein, es kommen noch die Reykjavikerinnen, nein, ich muß mich korrigieren, die Reykjavikerin, es ist nur eine einzige: Svanhildúr Alexandersdóttir, Flugbegleiterin . . . aus natürlich Reykjavik.

Jetzt wartet alles auf die Amerikaner . . . Der Zeitplan ist ja ein wenig konfus, nicht zuletzt durch den kleinen Zwischenfall mit den Pariserinnen, so daß wir eventuell einige Minuten . . . Nein, da kommen sie schon. Sie haben es gelesen, es sind dieses Jahr vierhundert jugendliche Straftäter aus Miami, Florida . . . Es hat ja da einiges böses Blut nicht nur in der europäischen, auch in der amerikanischen Presse gegeben . . . bei allem Verständnis für die Belange der jungen Männer muß man natürlich auch an gewisse Vorsichtsmaßnahmen denken . . . doch das scheint hier im Augenblick vergessen: Die jungen Amerikaner werden vom Publikum ebenso begeistert gefeiert wie die europäischen jungen Frauen . . . Einige der Amerikaner erscheinen wirklich noch sehr jung, ob zu jung für diese Aufgabe hier, möchte ich jetzt nicht beurteilen müssen.

Es werden sich hier im Stadion in den nächsten zweieinhalb Stunden wieder viele unbeschreibliche Szenen abspielen, die wir Ihnen auch dieses Jahr aus technischen Gründen lieber vorenthalten wollen.

Die Dolmetscherin und das Double

In der U-Bahn zwischen Wittenbergplatz und Nollendorfplatz, also dort, wo es immer so quietscht, sah ich einmal einen verwirrten Mann in verwahrloster, aber ehemals eleganter Kleidung sitzen. Bei jedem Quietschen hielt er sich die Ohren zu, wobei sein Gesicht sich vor Schmerz verzerrte. Gleichzeitig drückte er mit Hilfe der Oberarme eine Plastiktüte mit Schallplatten fest an seinen Leib. Er schien zu befürchten, daß jemand sein Ohrenzuhalten dazu benutzen könnte, ihm die Tüte wegzunehmen. Dieser Mann gab mir Gelegenheit, mir einzubilden, er erzählte mir eine Geschichte, die ich hierfolgend weitergebe:

Meine Mutter war gottseidank eine Frau, bei der Geld keine Rolle spielte. Jeden Morgen brach sie zu einem ausgedehnten Einkaufsbummel auf. Erst nach Ladenschluß kam sie zurück, beladen mit Päckchen und Taschen, deren Inhalt sie mit begeisterten Erläuterungen vor mir auf dem Eibenholztisch auszubreiten pflegte. Kleider kaufte sie besonders gern, aber auch Fayencen, kostbare Gabeln und kleine Jadefiguren. Unser Haus ist glücklicherweise geräumig. So ging das viele Jahre lang, und ich liebte die großstädtische Art meiner Mutter ohne jede Einschränkung. Die Einkaufseigenartigkeiten sah ich ihr nur allzu gerne nach. Wenn Frauen in ein Alter kommen, in dem sie – natürlich zu Unrecht – häufig meinen, daß ihre Fraulichkeit verblasse oder keinem rechten Zweck mehr diene, beginnen sie halt gerade in unseren Kreisen gewisse Schrulligkeiten zu entwickeln, mit denen man aber leben kann.

Doch vor etwa einem Jahr trat etwas ein, was alles uns beide Betreffende grundlegend veränderte. Meine Mutter war gleich nach dem Frühstück munter wie üblich aufgebrochen, wobei sie von einem roten Paillettenkleid schwärmte, das sie sich dringend besorgen müßte. Doch kaum zwei Stunden waren vergangen, als sie zurückkam, ohne Pakete, und sich weinend in einen Sessel warf. Was war nur geschehen? Erst nach längerem Zureden fing sie stockend zu berichten an. Sie sei in diesem Modehaus gewesen, und dort habe sie eine blutjunge Verkäuferin so komisch angesehen, als ob sie habe sagen wollen: »Was will die alte Schachtel mit unseren schönen Kleidern?« Bei den Worten »alte Schachtel« rollte Mutter so sehr mit den Augen, daß man nur noch Weißes sah. Ihrem weiteren Stammeln war zu entnehmen, daß nach dem roten Paillettenkleid zu fragen sie sich nicht mehr getraut und sie wortlos den Laden verlassen hatte.

Ich versuchte sie zu trösten, indem ich ihr versprach, am nächsten Tag mit ihr gemeinsam das besagte Kleid zu kaufen. Mutter beruhigte sich daraufhin bald, griff sich einen Utta-Danella-Roman, in dem sie bis zum Abend las.

Am folgenden Vormittag fuhren wir beide wie besprochen zu dem Modegeschäft. Sie zeigte mir das Kleid im Schaufenster, doch als wir durch die Tür gehen wollten, hielt sie inne und bat mich, allein hineinzugehen: »Kauf du es für mich. Du kennst meine Größe. Ich kann da einfach nicht mehr rein. Diese Verkäuferin ist teuflisch.« Um Diskussionen zu vermeiden, tat ich wie gebeten und kaufte das rote Paillettenkleid. Die Verkäuferin allerdings hatte wirklich etwas Gemeines im Blick, aber doch vermutlich nur, weil es ihr schräg vorkam, daß ein Mann ein Abendkleid für seine Mutter kaufte.

Anschließend wollte Mutter noch einen passenden Hut, aber vor dem Putzmacherladen spielte sich wieder das gleiche ab. Sie griff nach meiner Hand und sagte: »Kauf du den Hut. Ich habe so Angst vor dem Verkäufer. Der verachtet mich.«

»Du bist doch Stammkundin da!« rief ich, worauf sie zu schluchzen begann und mich anflehte, ihr einen Hut zu kaufen.

Von da an hat meine Mutter kein Geschäft mehr betreten. Statt dessen lag sie im Bett, aß kaum etwas, wollte niemanden sehen und vernachlässigte ihr Äußeres. Die Ärzte, die sie widerstrebend empfing, fanden nichts heraus. Immer nur hieß es, daß Frauen, wenn sie älter werden, gerade in unseren Kreisen und so weiter und so fort.

Ich konnte es nicht mehr hören. Etwas mußte geschehen. Eine Berechtigung, zu hoffen, daß meine Mutter noch einmal von ihrer Verkäuferphobie genesen könnte, sah ich leider nicht. Aber vielleicht würde es ihr schon helfen, wenn jemand anders tagsüber einkaufen ginge und sie abends wie gewohnt Taschen und Tüten ausleeren könnte?

Jawohl, das hatte etwas. Am passendsten schien mir eine Art Double, eine Frau, die genau wie meine Mutter aussähe. Dann würden auch diese Anrufe aufhören von den Geschäftsleuten, die sich um das Wohlbefinden ihrer besten Kundin sorgten, die schon so lang nicht erschienen war. Als ich Mutter diesen Vorschlag machte, war sie eigenartigerweise begeistert. Sie wußte sogar die Adresse einer Double- und Stuntman-Vermittlung.

Erstaunlich schnell war das Double gefunden. Die schmalen Lippen, die listigen Augen und die fein geäderten Wangen: alles genau wie bei Mutter. Allerdings handelte es sich bei dieser Frau um eine Ausländerin, die kein Wort Deutsch beherrschte, und Mutter hatte zum Fremdsprachenlernen nie große Neigung gehabt. Es mußte also auch eine Dolmetscherin her. Beide Frauen schloß Mutter sofort in ihr Herz. Jeden Morgen beim Frühstück wurden sie von ihr instruiert, was sie zu besorgen hatten. Abends trugen das Double und die Dolmetscherin dann die gewünschten Waren ins Haus, und Mutter war zufrieden.

Damit die Verkäufer sich nicht wunderten, daß meine Mutter plötzlich kein Deutsch mehr sprach, hatten wir uns einen Trick ausgedacht. Wir banden dem Double Mull um den Mund, und die Dolmetscherin erklärte dann immer, daß Mutter sich einer komplizierten Kieferoperation habe unterziehen müssen und eine Weile nicht reden dürfe.

Mutter schien froher denn je. Abends saßen die drei bei Zigarillos und Mandellikör zusammen und spielten bis Mitternacht Whist. Ich ließ die Frauen gewähren, obwohl mir insgeheim die Dolmetscherin zuwider war. Ihre metallische Stimme durchschepperte das ganze Haus, und ihre kalten Augen schienen mir die einer Intrigantin zu sein. Sie rauchte auch sehr stark. Nachts schloß sie sich in ihr Zimmer ein und hörte bis in die frühen Morgenstunden Schallplatten mit bizarrer moderner Musik.

Eines Abends war mir besonders unangenehm zumute. Mir war es schon kalt durch die Glieder gerieselt, als ich meine Mutter, das Double und die Dolmetscherin alle nebeneinander in roten Paillettenkleidern die breite Treppe zum Eßzimmer hatte herunterschreiten sehen. Beim Essen wurde wenig gesprochen. Die Dolmetscherin schaute mir scharf ins Gesicht. Plötzlich erhob sie sich und sagte laut und langsam: »Wißt ihr, wer ich wirklich bin?«

»Das darfst du nicht sagen! Noch nicht!« schrie darauf das Double in einwandfreiem Deutsch.

»Sie sprechen Deutsch?« rief meine Mutter, sprang auf und stellte sich hinter mich, die Hände auf meine Schultern legend.

»Natürlich. Wir sprechen alle Sprachen. Wißt ihr noch immer nicht, wer wir sind?« tönte es wie ein Tonband aus dem Munde der Dolmetscherin. Das Double nahm ein Bratenmesser und rammte es sich in die Brust. Hinter mir hörte ich den Leib meiner Mutter dumpf auf den Boden prallen. Sie hatte wohl einen Herzanfall, doch ich konnte nicht anders, als weiterhin die monumentenhaft dastehende Dolmetscherin zu fixieren, die ihr Kleid aufknöpfte. Aus ihren Brustwarzen rann schwarzes Blut. Sie knöpfte sich wieder zu, klatschte in die Hände, was wie Donner klang, und aus der Küche kam eine junge Frau geeilt. Es war jene junge Verkäuferin, die meiner Mutter damals so Angst eingeflößt hatte. Die beiden Frauen gaben sich Zeichen und verließen gemeinsam das Haus.

Ich hörte einen Motor starten und einen Wagen sich entfernen. Völlig ohne bestimmte Gedanken stand ich weiter im Zimmer. Ich weiß nicht, nach wie langer Zeit ich bemerkte, daß die Leiche des Doubles verschwunden war. Nur die meiner Mutter war noch vorhanden. Ich trug sie in ihr Schlafzimmer, und wie sie rücklings dalag, drang dort, wo ihre Brust ist, schwarzes Blut durch die roten Pailletten. Ich rannte ins Zimmer der Dolmetscherin. Sie hatte nichts zurückgelassen, außer zwei Schallplatten mit dieser merkwürdigen Musik. Die tat ich in einen Beutel und beeilte mich, das Haus zu verlassen. Ich bin nie wieder dort gewesen. Ich würde Ihnen diese Platten gerne einmal vorspielen.

Mein Gott, was für eine Geschichte! In welcher Beziehung mochte wohl diese Dolmetscherin zu der Verkäuferin stehen? Und wo blieb die Leiche des Doubles? Und warum hatte die Mutter des Mannes ausgerechnet die Adresse von einer Double-Agentur zur Hand? Der Mann hat es mir nicht erzählt. Der Mann hat mir ja nichts erzählt. Doch die Art, wie er seine Schallplatten festhielt, machte mir klar, daß seine wahre Geschichte um ein Hundertfaches schlimmer sein mußte als die, die ich mir ausgedacht hatte. Möckernbrücke ist er ausgestiegen. Gottseidank hat er mir nichts erzählt. Ich hätte es nicht ertragen.

Wenn ich König wär

Auf einem verwahrlosten Spielplatz in einer verwahrlosten Vorstadt sitzt ein ca. 10jähriges Kind angetrunken auf einer Schaukel und erzählt:

Wenn ich König wär, dann würd ich machen, daß die Kinder morgens in goldenen Kutschen, die von ganz großen Hühnern gezogen werden, in die Schule fahren. Die Lehrer wären so Biber wie in dem Comic von dem Schuhgeschäft. Wenn ich König wär, hätte ich Filzstifte in 10 000 Farben und könnte gut malen.

Ich habe so eine häßliche Hose. Häßlicher als die häßlichste Hose des indischen Subkontinents.

Das Balg ist eben nicht nur betrunken, sondern auch noch unangenehm altklug.

Wenn ich König wär, hätte ich eine tolle Hose. Ich würde in einem Garten sitzen und Kassetten hören.

Petra hatte gestern Geburtstag. Sie hat mich nicht eingeladen, aber Marion. Wenn ich König wär, ließe ich Petra einsperren, und sie müßte meine häßliche Hose anziehen.

Wenn ich König wär, hätte ich viele Geheimnisse. Die Menschen von heute geben so rasch ihr Geheimnis preis.

Doch, doch, Zehnjährige formulieren so. Zumindest wenn sie altklug und stark angetrunken sind.

Wenn ich König wär, hätte jeder ein Geheimnis und eine schöne Hose. Nur Petra nicht. Die wäre ganz arm und würde in einer Elendssiedlung am Stadtrand wohnen, wo die Konservenbüchsen auf dem Rasen liegen. Und ich würd in einer goldenen Kutsche, die von ganz großen Hühnern gezogen wird, an ihr vorbeifahren und sie nicht grüßen, wenn ich König wär.

Träume (1)

Träume zu träumen ist eine herrliche Sache. Man erlebt die tollsten Dinge, ohne einen Pfennig dafür auszugeben. Man muß das Traumgerät, den Kopf, nirgendwo anmelden und braucht auch niemandem Rechenschaft darüber abzulegen. Manche Träume schlingern abenteuerlich von einer Unwahrscheinlichkeit zur nächsten, laufen sogar in Fortsetzungen ab, und andere sind knapp und süß wie ein Bonbon. Ich habe zum Beispiel einmal geträumt, daß ein Wiedehopf auf meinem Fensterbrett sitze, und ich fand die Nummer vom Tierheim nicht. Das war der ganze Traum. Ein andermal träumte ich, ich öffne meinen Küchenschrank und hinter den Kaffeetassen säßen Simone und Armin im Schneidersitz. Ich schloß den Schrank, lief runter auf die Straße, wo es ca. 1950 war. Ein zerlumpter Mann stand an der Stelle, wo jetzt der türkische Imbiß ist – im Traum war er noch nicht da – und schlug mir mit einer riesigen ›Bild‹-Zeitung auf den Kopf. Dann war ich wieder zu Hause und hörte vor meiner Türe eine Menschenansammlung grummeln, die alsbald begann, meine Tür einzuschlagen. Ich nahm aber einen Hinterausgang und sah mich dann in aller Ruhe am Ufer eines schönen Baches Enten füttern. Solche Träume mag ich.

Manche Leute aber träumen einen unglaublichen Quatsch. Neulich wurden Menschen in einer Innenstadt von einem Zeitungsreporter gefragt, ob und was sie in der letzten Nacht geträumt hätten. Eine ältere Dame gab an, sie habe geträumt, mit ihrem Mann in der Sonne zu sitzen und Kaffee zu trinken. Eine neunzehnjährige Bürogehilfin meinte, sie sei im Traum mit ihrer Schäferhündin Palma auf den Hundeplatz gegangen. Der Hund habe zeigen müssen, was er konnte, zum Beispiel im rechten Moment zufassen oder zu ihr kommen. Palma sei sehr gelehrig gewesen und habe alles richtig gemacht. Darüber habe sie sich sehr gefreut und dann in Ruhe weitergeschlafen. Wie kann man nur so etwas Fades träumen! Ich würde diesem Mädchen gern zum Vorwurf machen, daß es Traum und Wirklichkeit nicht auseinanderhalten kann, und zwar in der Art, daß es sein wirkliches Leben für einen Traum hält. Anders herum ginge es ja noch. Aber weiter mit den tristen Träumern aus der Innenstadt: Ein einundzwanzigjähriger Maler und Lackierer gab vor, geträumt zu haben, auf seiner rasanten 750er Honda zu sitzen, denn er sei ein Motorradnarr. Er habe sich über die schneebedeckten Alpen hetzen sehen, die Bäume seien an ihm vorbeigesaust, und hinter der Grenze habe er noch einen Espresso getrunken. Drei Wochen später sei er braungebrannt zurückgefahren und habe sich geärgert, daß der Urlaub so kurz gewesen sei.

Solche Schilderungen erwecken in mir den Eindruck, daß viele Leute die Fähigkeit zu träumen nicht zu schätzen wissen oder nachgerade mißbrauchen. Kein Wunder, daß die Menschen im wirklichen Leben dann Achttausender erklettern müssen, Amok laufen, auf den Mond fahren und in Autos herumrasen und Kinder totfahren. Mir reicht es völlig aus, so etwas zu träumen. Gerade jetzt, wo es geboten ist, an allem zu sparen und die Schöpfung zu schonen, schiene es mir sinnvoll, auf derlei tatsächliche Ausübung individueller Abenteuereien, die anderen nur schaden, zu verzichten und sich auf wildes Träumen zu beschränken. Doch kann man unterhaltsames Träumen üben und erlernen? Wie wär's mit einem Volkshochschulkurs »Interessanter Träumen«, aber bitte ohne esoterisches Beiwerk! Ich mag ja nicht gern prahlen, doch ich tue hiermit kund, daß ich es nicht notwendig hätte, einen solchen Lehrgang aufzusuchen.

Ich träume umwerfend fesselnd, immer in Farbe und oft mit Musik. Daß viele keine Klänge träumen können, habe ich erst kürzlich erfahren, und es tut mir richtig leid.

Im letzten Winter hatte ich einen besonders schönen Traum; ich habe ihn gleich am nächsten Morgen aufgeschrieben. Ich träumte folgendes:

Jemand – ich weiß nicht wer, ein Arbeitgeber, Auftraggeber jedenfalls – hat mich beauftragt, eine Schauspielerin aufzusuchen, und zwar eine jener Damen, die im Werbefernsehen das schädliche Zuckerfabrikat »Kindermilchschnitte« als vollwertiges Pausenbrot für Schulkinder propagieren. Ich fand die Frau sofort, in einem roten, hell erleuchteten Konditorgeschäft, irgendwo in London um die Jahrhundertwende. Es war Winter, früher Abend, ein wenig Schneegestöber. Ich betrat das Geschäft aber nicht, sondern versuchte, von draußen her mit der Dame ins Gespräch zu kommen. Ich rief ihr durch die Scheibe zu, ob sie es denn mit ihrem Gewissen vereinbaren könne, die Fernsehzuschauer so an der Nase herumzuführen, da sie doch genau wisse, daß »Kindermilchschnitte« niemals einen Ersatz für ein richtiges Pausenbrot darstellen könne, und daß auch eine Schauspielerin, durch deren Tür die Angebote aus Hollywood nicht gerade hereingehagelt kämen und die daher knapp bei Kasse sein dürfte, sich doch nicht für jeden Unfug hergeben sollte. Doch die Frau, die übrigens genau wie Mary Poppins aussah, reagierte nicht, sondern ordnete Produkte in ein Regal ein. Ich trug mein Anliegen noch mehrmals vor, klopfte auch gegen die Fensterscheibe rechts neben der Eingangstür, aber sie beachtete mich nicht.

Doch auf einmal beugte sie sich in die Schaufensterauslage, griff nach einer Tüte mit Knabbermischung oder etwas Ähnlichem und sagte in überaus vertraulichem Ton, daß wir ja jetzt gottseidank diese »Frosties« los seien, da es ja jetzt »das hier« gebe. Sie zeigte mir die Tüte. Der Name der Knabbermischung lautete: »Sechzehn Probleme«. Da erwachte ich und hatte noch einen recht angenehmen Tag, da es mir Freude bereitete, jedem, den ich traf, diesen schönen Traum zu erzählen und dafür ordentlich Beifall zu ernten. Am Abend dann, als ich ins Bett stieg, freute ich mich schon auf meine nächsten Abenteuer und schlief gespannt ein. Freilich wird man manchmal auch von dunklen Träumen heimgesucht, in denen man bangt, daß man nicht mehr aus ihnen herausfinden könnte. Doch muß auch davon denn jetzt noch die Rede sein? Ich glaube ja wohl nicht.

Träume (2)

– Ich habe neulich geträumt, ich ginge, nur mit einem Hemde bekleidet, über ein über den Marktplatz gespanntes Seil. So balancierte ich, unter mir Münder und Augen weit geöffnet, über mir nichts als der Himmel. Am anderen Ende des Seiles stand auf einem Balkon meine 1969 verstorbene Schwester und winkte mit einem weißen Tuch. Doch kurz bevor ich ihr die Hand reichen konnte, riß das Seil, und ich fiel und fiel und fiel . . . und dann wachte ich auf . . . schweißüberströmt.

– So was Ähnliches hab ich zufälligerweise vor kurzem auch geträumt. Also auch das Seil über dem Marktplatz und ich ohne Schlüpfer und so, und am anderen Ende des Seiles, da stand der Direktor von meiner Firma mit einem Früchtekorb: Bananen, Ananas, und was da alles drin war. Also mir ist das Wasser im Munde zusammengelaufen. Ich also nichts wie rüber, und der Früchtekorb war meiner. Und alle hamse mir gratuliert und mit mir angestoßen, besonders die Frau vom Direktor . . .

– Und das Seil ist nicht gerissen?

– Nein, das war ausgezeichnet verarbeitete Ware.

– Da hamse aber Glück gehabt . . . Ach, neulich hab ich auch noch einen weiteren, sehr seltsamen Traum gehabt: Ich lief durch einen langen, schwarzen Tunnel, und am Ende des Tunnels sah ich in einem Lichtkegel meine 1969 verstorbene Schwester stehen. Ich lief und lief, doch das Licht erreichte ich nicht, nein, je weiter ich lief, desto kleiner wurde es. Ich rannte und rannte, und dann wachte ich auf: schweißüberströmt.

– Ach, stellnse sich vor, ich hab neulich fast genau das

gleiche geträumt! Genau wie bei Ihnen, ich lief durch einen langen, dunklen Tunnel, und am Ende des Tunnels sah ich ein Licht, also ich rannte durch den Tunnel durch, und am Ende des Tunnels stand eine wunderschöne junge Frau mit langen, blonden Haaren ...

– Lange, blonde Haare sagen Sie ...

– Ja.

– Und was für Augen?

– Wunderschöne blaue Augen!

– Und etwa so groß wie ich?

– Jaja, etwa Ihre Statur.

– Und hatte sie ein kleines Wärzchen an der Oberlippe?

– Ach was, wo denkense hin! Ich träum doch nicht von Frauen mit Warzen am Mund. Nein, wunderschöne Lippen hattese! Warum fragense denn eigentlich?

Ach nichts, ich dachte nur kurz, sie hätten vielleicht von meiner 1969 ...

– Ach was, nein, ist doch Quatsch. Am Ende von dem Tunnel, da stand also diese wunderschöne junge Frau, und mit der bin ich dann noch in ein nettes Lokal gegangen, und wir haben uns noch sehr nett unterhalten. Ein schöner Abend ist das dann noch geworden ...

Zehn hoch achtundfünfzig

Das Haus, in dem ich wohne, blickt wohlgenährt und selbstzufrieden auf einen weder langen noch besonders breiten, aber dennoch sehr bekannten Fluß. Im Sommer kommen Schiffe vorbei, auf denen ein Geschichtsstudent durchs Megaphon Besonderheiten rühmt, so laut, daß man es bei offenem Fenster bis in die Wohnung hören kann.

Auch das behäbige Haus wird manchmal erwähnt, denn es wurde mal entworfen von einem Architekten, dessen Name in der Fachwelt einen guten Klang hat. Fertig war es 1913; es machten sich daraufhin Geheimräte und Ärzte darin breit. Ärzte sind noch immer da, ansonsten alte Damen, ein bißchen jüngeres Volk, wenige Familien und diverse Polen. Wein rankt die Fassade hoch, im Hof blühen Blumen, und Besucher aus weniger blühenden Teilen der Stadt stellen gerne staunend fest, daß es in der Eingangshalle gar nicht nach Urin riecht und sogar die Briefkästen in tadellosem Zustand sind, d. h. man kann behaupten, ich lebe leicht bevorzugt hier. Auch grüßen die Leut im Haus einander und verleihen ohne weiteres zwei Eier und Bohrmaschinen auch. Nur eine böse Alte stört die stille Harmonie. Ein krankes Weib, das den lieben Tag durch den Türspion guckt. Sobald einer vorbeikommt, reißt es gleich die Tür auf und erzählt, daß es schon 56mal im Krankenhaus war, was es aber nicht hindert, nachts durchs Treppenhaus zu geistern und den Studenten politische Aufkleber von den Wohnungstüren zu kratzen mit seinen Hexenfingern. Auf die Straße geht es nie, denn da gibt es nichts zu hexen und zu schänden. Die Straße dämmert vor sich hin wie ein ewiger Buß- und Bettag; Spaziergänger gähnen schon beim Denken an diese fade Straße. Nur einmal kam das Leben vorbei, als dieses dicke Haus modernisiert wurde.

Dröhnväter und Dröhnsöhne rückten mit Bohrern und anderem an und stellten das Treppenhaus mit Badewannen und die Fensterbänke mit Bierflaschen voll. Mir wurde eine Spüle in die Schlafnische gebaut, und vors Fenster kam ein Baugerüst. Hob ich beim Frühstück meine Tasse, prosteten mir Bauarbeiter von draußen mit Bierflaschen zu. Kommentare wurden auch abgegeben. Das gefiel mir gar nicht schlecht, denn meine Art, das leckere Frühstück einzunehmen, ist betrachtenswert.

Lecker, lecker, superlecker! Derart schlicht und volksnah kann ich formulieren, wenn es um etwas so Reizendes wie meinen frischgedeckten Frühstückstisch geht. Was brächte es da, geistreich, subtil oder volksfern zu reden, wo doch eh alles gleich aufgegessen sein wird. Da: Unverwechselbar der Teint der guten Butter aus dem guten Butter-Fachgeschäft, die zwar etwas teurer ist als die vom Super- oder Großmarkt, aber dafür sahniger und feiner und so streichzart; da denk ich gleich an die herrlichsten Wiesen. Wie gerne würd ich jetzt, nur mit einem weißen, seidenen Röckchen bekleidet, vors Haus treten und dann ausgelassen auf einer blühenden Wiese umhertoben und -tollen und den Schmetterlingen alte deutsche Freiheitslieder vorsingen. Leider ist aber vor dem Haus keine blühende Wiese, sondern eine uninteressante Straße voll parkender Autos, in der noch nie Berühmtheit spaziert ist, geschweige denn gewohnt hat. (Keinerlei Gedenktafeln.) Im Nachbarhaus hat mal ein Mann diverse Frauen in seiner Badewanne in Salzsäure aufgelöst. (Auch keine Gedenktafel.) Das ist zwar lange her, aber noch immer einer der höchsten Gipfel im Riesengebirge menschlicher Gemeinheiten. Es ist immer wieder verdrießlich, wenn man sieht, zu was Menschen alles fähig sind. Ich bin ja am Klagen! Das tut mir leid, denn nicht Klage, sondern Freude über ein lieb arrangiertes Frühstück war doch eigentlich Gegenstand dieser Betrachtung. Da: Der leckere uralte Gouda »Old Amsterdam«, ein echter Käse-Methusalem, der ächzend in mundgerechte Stücke zerfällt, sobald er nur von weitem ein Schneidwerkzeug erblickt. Diese goldenen Käsebrösel drückt man mit Wonne in die fingerdick aufgetragene Butter aus dem guten Butter-Fachgeschäft, so mutterhaft vertraut und weich; wenn ich einmal sterbe, bettet mich in Butter! Ich habe neulich gelesen – oder nein: im Radio gehört –, daß es Leute geben soll, die statt Butter »Margarine« auf die Brote schmieren. Im Radio war's, genau. Da reden rohe Menschen von früh bis spät und dann immer wieder von vorn über unhaltbare Sachverhalte. Aus dem Fernsehen (auch nicht besser) erfuhr ich, daß es Menschen gibt, die zum Frühstück Radio hören; hingegen weiß ich aus der Zeitung, daß es sogar welche gibt, die während des Frühstückens fernsehen, insbesondere im Ausland. Ausländer machen sowieso vieles oft nicht ganz richtig. Sie essen z. B. falsches Brot. Gutes, braunes Brot, das nach tiefer Wahrheit und ehrlicher Arbeit duftet, muß man essen, kein anderes. Im Brotbacken sind wir Deutsche unschlagbar. Wer jemals wie ich Gelegenheit hatte zu beobachten, wie junge, rührige, kritische Menschen in Neuengland deutsche Brot-Spezialitäten nachbacken und dabei kläglich scheitern, hat viel über menschliches Mühen und Scheitern gelernt. In Kleinigkeiten sind wir Deutsche (ich Deutscher, du Deutscher, wir Deutsche und ihr Deutsche) manchmal Meister, vom großen Ganzen, dem gesamten Hier und Heute kann man das freilich nicht behaupten, das ist ein trüber Entwurf, ein schadhaftes Gebäude, unfamos geplant und ausgeführt; müde wird man beim Betrachten.

Folgt mir jemand auf dem Rückzug in die schönen Kleinigkeiten, ohne freilich einen verbreiteten Irrtum zu begehen, der darin besteht, daß aufgehört wird, das miese große Ganze aus mittlerer Entfernung zornig, doch nicht völlig unversöhnlich weiter anzusehen? Es folgen welche, wie ich sehe. Manche sind ja schon vorausgegangen, davon etliche entschieden zu weit. Ich stelle fest: Es folgen viel zu viele, du und du und du und du, ihr bleibt lieber näher dran beim großen Ganzen. Ein paar müssen schon ausharren. Die müssen uns liebe Kleinodbeschmuser, Lebevolk und Nebulierer dann rufen, wenn es soweit ist. Man hört dann voneinander. Wetzt schon mal die Messer. Ich für meinen Teil will mir jetzt aber endlich eine gute Scheibe braunen Brotes abschneiden, wie man das beim Frühstück so tut. Natürlich weiß ich, daß es auch Menschen gibt, die morgens blasse, asthmatische »Brötchen« verzehren, das weiß ich von struppigen Besuchern, die haben mir das vorgeführt. Jetzt werde ich von Fragen unterbrochen.

Darf man morgens auch Getränke trinken? Interessante Frage! Hier die richtige Antwort: Ja. Am besten Kaffee. Frisch gemahlen und gebraut, mit ein wenig Salz und einem Ideechen Zimt.

Darf man auch noch Milch oder ähnliches hinzufügen? Interessante, aber schwierige Frage. Auch hier wieder die richtige Antwort: Ja. Aber: Normale Vollmilch verwässert den Kaffee, insbesondere die aus den unhandlichen Zweiliterpackungen (schlechte Dosierbarkeit). Kaffee mit H-Milch? Das ist das berüchtigte Wohngemeinschafts-Mittagssüppchen. Etwa Kondensmilch? Zu starker Eigengeschmack, ergibt Großmutters Wirtschaftswundertrunk. Schlagsahne? Zu sahnig, ergibt Kaffee mit Fettaugen. Am besten: Pflanzlicher Kaffeeweißer, bekannt von den großen Luftfahrtunternehmen. Unterstützt den Kaffeegeschmack, verdünnt aber nicht.

Weitere Fragen? Ja, Sie da hinten mit der Sonnenbrille! Ob man auch Zucker in den Kaffee tun darf? Häßliche, uninteressante Frage! Fahren Sie doch nach Italien, wenn es Ihnen hier nicht paßt! Südliche Länder sind süßliche Länder, zwar voll von guten Menschen, die ihre reichlich vorhandene Kultur mit Bedacht und Sorgfalt pflegen, aber keinen Schimmer von korrektem Kaffeetrinken haben.

Habe ich jetzt alles auf meinem Frühstückstisch genügend angebetet, habe ich jede Speise meines Wohlwollens versichert und mit ausreichend behende gewählten Worten anständig genug gepriesen? Oh, armer, kleiner Joghurt! Da steht er noch und wartet auf ein liebes Wort. Niedlich sieht er aus in seinem blauen Becher. Ich werde ihn gleich mit einer ausgezeichneten Fruchtzubereitung aus Aprikosen, Hagebutten und eingedicktem Birnensaft vermengen und innerlich jauchzend in die Gurgel hineinlöffeln und dann das andere aufessen. Ich kann es kaum erwarten. Wie schön das alles aussieht! Ach, am liebsten würde ich – das sagte ich vorhin bereits, doch ich sehe keinen Anlaß, mich zu scheuen, Vortreffliches ein zweites Mal zu äußern –, am liebsten würde ich, nur mit einem weißen Röckchen auf dem Leib, auf einer zirpenden Wiese tanzen, aber dann komme ich ja nie zum Frühstücken, wenn ich immerzu auf Wiesen hopse. Aber ein weißes Röckchen hätte ich schon gerne. Seit Jahren propagiert Paris den Herrenrock, doch die dumme Herrenwelt bleibt kühl und reserviert in ihren Hosen stecken. Ein rotes Baumwollstrumpfhöschen trüge ich gerne, an den Knien von Mutterhand gestopft, bis dorthin umspielt von einem leichten weißen Röckchen, das sähe keineswegs unmännlich aus. Daß sich das nicht durchsetzt, liegt offenbar an einem Mangel an Hodenbewußtsein und Hodenrespekt. Doch sollte ich etwa röckchentragenderweise eine Vorreiterrolle in Sachen Hodenfreiheit übernehmen, alleine unter lauter Hosen? Nein, da wird man nur von engbehosten Hodenwundern mit nichts als Enge und Bosheit und Hosen im Schädel in Parks und

Unterführungen am Röckchen gezogen, gehauen und schließlich übel zugerichtet. Nein, ein Hodenmärtyrer will ich nicht sein, sondern endlich frühstücken. Ohne Hose, aber auch ohne Röckchen. Nackt? Man könnte es so nennen.

Nebenan schreit das polnische Baby. Muß ich jetzt etwas machen? Aufräumen oder etwas lesen? Lieber nicht aufräumen; dann fängt man ja nur an, in den Briefen und Zetteln, die dort liegen, aber lieber da liegen sollten, zu blättern und zu schmökern, und dann hat man doch wieder nicht aufgeräumt. Dann lieber gleich lesen. Aber wozu etwas lesen, was irgend jemand mal erlebt hat, der mich gar nicht kennt und den ich auch nicht kenne und der eventuell schon tot ist und damit für mich nicht mehr in Betracht kommt? Ich argumentiere heut leider so. Was gehen mich hübsche Geschichten an, in denen einfühlsam konturierte Haupt- und Nebenfiguren in blendend beschriebenen Landschaften die herrlichsten Spannungsbögen spannen, dann aber ausrutschen und tot sind; das hat man vom Im-Gebirge-Rumkraxeln. Nein, Buch fällt flach, Fleisch will ich heute, bestechende Logik, kurz: was Essentielles. Hätte ich ein Mathematikbuch, würde ich es lesen. Ein Mathematikbuch ist einfach, unverlogen, lieb und unbestechlich. Und so leicht verständlich: Man muß nur fleißig sein, und schon versteht man alles. Wer nicht auf den Kopf gefallen ist, versteht sowieso das meiste im Leben. Ich bin zwar auf den Kopf gefallen, es war in einem Jazzlokal, doch das ist lange her, und jetzt wachsen Haare drauf. Mathematik verstehe ich ohne weiteres, wenn ich ein bißchen bohre. Wen das Leben den ganzen Tag durch dicke Nüstern lyrisch anbläst, der sehnt sich nachts nach Mathematik. Vieles Sehnen bringt manchmal Erfüllung, doch oftmals ist das Herbeigesehnte doch nicht, wie man hoffte, die Liebe ist aus oder blöd geworden; man wendet sich ab und wird womöglich mürbe. Jetzt erinnere ich mich nämlich, wie ich vor einigen Jahren mal mit einem Mathematiker ins Plaudern geriet. Es fing recht interessant und harmlos an; man redete von Primzahljägern und den Eulerschen Zahlen und sicherlich auch von der Wurzel aus minus eins, doch bald schon sprach der Mann von den Grenzen des Universums, vom Zen-Buddhismus und schließlich von der Mutter Gottes. Insgesamt roch das Ganze dann auch nicht besser als ein romantischer englischer Frauenroman.

Also kein Mathematikbuch. Was bleibt: Fernsehen, Platten hören und ausgehen. Fernsehen kommt nicht in Frage, da sieht man immerfort nur Leute, die in Autos herumfahren und einander erschießen. Oder beliebte Väterchen, die sagen, was heut so passiert ist. Ich bin aufgestanden, habe hingerissen gefrühstückt, pflichtbewußt mein Geld verdient, dann eingekauft (u. a. alten Gouda), und jetzt bin ich zu Haus. Das ist passiert. Darüber hinaus jucken meine Ohren. Meine Ohren jucken, meine Boxen sind schlecht, meine Nadel ist schlecht, mein Verstärker ist schlecht, und die meisten Platten sind auch nicht besonders. Ausgehen, ausgehen, ausgehen. Die ganze Stadt ist auf den Beinen, Mantel an. In meiner Manteltasche finde ich zwei Schultheiss-Zettel mit Adressen drauf von Menschen, die ich anscheinend anrufen soll. Was für Leute sind das? Ich war wohl gestern aus. Freilich war ich gestern aus, und heute geh ich nicht. Ich muß sagen, mein Leben just in diesem Moment zeichnet sich aus durch eine berückende Vielfalt an bedrückenden Alternativen.

Schriebe ich jetzt eine Liste von allem, was ich nicht kann, darf oder will, ergäbe das ein Buch, das zwischen Duden und Bibel plaziert durchaus wie ein Werk von Gewicht wirken würde, und gewichtige Werke verdienen

Beachtung. Doch was hat schon Gewicht. Nicht mal das Universum wiegt genug. Neulich las ich irgendwo, daß das gesamte Weltall nur ca. 10^{58} Kilo wiegen würde. Vielleicht sind es auch 10^{58} Tonnen. Das ist mir jedenfalls entschieden zu wenig. Wenn mir einer weismachen würde, mein Körper bestünde aus 10^{58} Molekülen, wäre ich grad mal zufrieden damit. Für das Universum aber ist das eine peinlich niedrige Zahl. Eine Eins mit 58 Nullen ist nicht gerade eine »unvorstellbar« hohe Zahl. Ich kann mir sowieso so ziemlich alles vorstellen. Wer nicht auf den Kopf gefallen ist, kann das eben. Wer ernsthaft meint, sich 10^{58} nicht vorstellen zu können, braucht gar nicht erst bei mir zu klingeln von wegen Kaffeetrinken lernen. Nichts ist unvorstellbar oder unbeschreiblich. Was ich jetzt allerdings machen soll, kann ich mir nicht vorstellen. Ich bin erfüllt von einem unbeschreiblichen Mangel an Antrieb. Ich werde jetzt mal eine Viertelstunde mein Telefon anstarren. Irgendwas wird schon dabei herauskommen. Mein Telefon befindet sich auf der breiten Lehne meines modernen neuen Sofas. Lange habe ich ein Sofa gesucht, dessen Lehnen breit genug sind, um ein Telefon darauf zu stellen. Das Kabel meines Telefons ist nur knapp zwei Meter lang. Ich will, daß mein Telefon immer an seinem Platz steht. Menschen, die ihr Telefon von einem Zimmer ins andere tragen, verabreden häufig Termine mit Menschen, die ihnen nichts bedeuten, und ich habe vermutlich das Recht, solchen Leuten unredliche Absichten zu unterstellen. Das Telefon ist grau, die Wählscheibe verschmutzt. In der Mitte steht die Feuerwehrnummer in der Schrift einer alten Frau. Das Telefon ist also sehr alt. Es klingelt nicht mehr, sondern schnarrt nur erbärmlich. Telefone altern wie Kaffeemaschinen, mit grausigen Geräuschen. Wenn mein Telefon schnarrt, setz ich mich aufs Sofa und melde mich mit »Ja«. Leute, die mich kennen, wissen das, fangen an zu reden, und ich erkenne ihre Stimmen. Fremde sind verunsichert, fragen nach, ob sie richtig verbunden sind, und ihr Redefluß ist erst einmal gebremst. Das verschafft mir eine strategisch günstigere Lage im Gespräch mit Unbekannten. Früher riefen manchmal welche an, um zu erfahren, wie es mir denn ginge. Heute weiß man, daß ich das nicht mag, da ich nie weiß, wie es mir geht. Irgendein Anliegen sollte schon da sein. Jaja, Kino, der oder der Film, nein, der ist doof, und in dem warst du leider mit dem und dem schon drin, oder Konzert, Ausflug oder was Berufliches. Großes wird an meinem Telefon nie geredet. Todesnachrichten, ernstgemeinte Liebeserklärungen, Zornesausbrüche habe ich nie an einem Telefon vernommen und auch nie vermittelt. Und solang das nicht der Fall ist, bleibt mein Telefon an seinem Platz und kriegt kein längeres Kabel. Man könnte sagen, daß mein Telefon langweilig ist. Das kann schon sein, aber es hat doch eine gewisse beamtenhafte Würde wie ein pensionierter Priester oder eine greise Kaffeemaschine, und die gibt man ja auch nicht gleich ins Heim. Irgendwann wird es schon ganz von alleine zerfallen. Ist man nicht Mannequin oder chronisch krank, kann man auf Telefone wohl ziemlich leicht verzichten. Lästig sind Telefone in Fernsehfilmen. Sobald es klingelt, wird es immer dramatisch. Angespannte Darsteller mit angsterfüllten Gesichtern heben hektisch ab. Die Leute im Fernsehen können auch die absurdesten Telefonnummern auswendig und wählen ohne irgendwelches Überlegen die Klassenlehrer ihrer Kinder, ihre Friseure oder den Tennisplatz an. Ich kann nur drei Nummern auswendig. Daher trete ich auch nie in Fernsehfilmen auf, was mir, ehrlich gesagt, auch recht ist.

Ich scheine meinem Telefon soeben über Gebühr Aufmerksamkeit geschenkt zu haben. Das zu bedauern wär nicht meine Art. Mindestens drei Meter vom Telefon entfernt erhebt sich mein Bett wie ein Berg in einer ehemaligen Kochnische. Die Farbe des Bettlakens habe ich früher gern als hängetittenviolett beschrieben, obwohl nie jemand das komisch fand. Dabei hat doch die halbe Welt gelacht, als in einer Kabarettsendung im Fernsehen die Berliner Philharmonie als zahnsteinfarben bezeichnet wurde! In meinem Bett ist noch nie jemand gestorben, obwohl einer, der mal drinnen lag als Gast, jetzt tot ist; einen anderen sieht man oft im Fernsehen. In meinem Bett hab ich bestimmt schon mehr als 10^{58} Tonnen Weltall hingeträumt, denn ich wohn schon lange hier. Wohnen ist eine sonderbare Tätigkeit. Man wohnt und wohnt und merkt es nicht. Wohnen ist juristisch das, was biologisch atmen ist, obgleich man seinen Atem doch manchmal zur Kenntnis nimmt, wenn man sich verschluckt oder nach der Bahn rennt. Wohnen müßte ein Geräusch machen, knakken oder leise singen, damit es als Aktion bemerkbar würde. Man kann auch nicht ausschließlich wohnen, man raucht, schläft oder steht dabei. Ich würde gern mal versuchen, eine Minute lang nur zu wohnen, das wäre eine wunderbare Meditation. Wohn, wohn, wohn. Man müßte intensiver wohnen. Schließlich ist das ein Grundrecht, das der gütige Staat mir gewährt. Jrundrecht, ick jenieße dir. Der Genuß von Grundrechten führt leider rasch zu Ermüdungserscheinungen, eine Erkenntnis, die die Väter und Mütter der Demokratie wohl gründlich verdrösse. Die Väter und Mütter aus dem Haus gegenüber kleiden sich jetzt aus zur Nacht. Da werd ich täglich Zeuge von, denn Gardinen werden immer unmoderner. Auch ich werde bald zur Ruhe kommen. Ich wünsch mir einen ergiebigen Traum, in dem ein Brunnen vorkommt, eine Sonde und eine federlose Nachtigall.

Affe in Milch (1)

Rechts steht eine Hammondorgel
Links ein defekter Luftbefeuchter
Dazwischen pendelt ungeduldig
ein misanthroper Knusperriegel

Dem gegenüber auf einer Couch
lagert verdorrt eine Teilzeitmadonna
Sie schließt die Augen
Sie hat keine Schmerzen
und ertränkt einen Affen in Milch

Durstverwalter Joseph Murr
Kommt schnellen Schritts zur Tür hinein
Er repariert den Luftbefeuchter
verschlingt lauthals und angewidert
den misanthropen Knusperriegel
und wirft keinen Blick auf den Affen in Milch

Jetzt hat Madonna Schmerzen
und die Knöpfe ihres Kleides springen auf
und fallen zu Boden
wie Tränen aus grauer Vorzeit.
Genau: wie Tränen aus grauer Vorzeit.

Affe in Milch (2)

Eine ausgedorrte Teilzeitkraft
aus magergrauer Vorzeit
führt drei behaarte Beine
an einer Hundeleine
im Kreise durch ein Zimmer:

Rechts steht eine Hammondorgel
würgt und worgelt, kurz: sie orgelt
nostalgös von besseren Tagen
Links schweigt tot ein Luftbefeuchter
Dazwischen pendelt ominös
ein defekter Knusperriegel

Über dieser seltenen Szene schwebend
lesen sich zwei Gallertmassen
Glückwunschtelegramme vor

Ich mag dem Treiben nicht mehr folgen
(»Du unbequemer Europäer!«)
Ich greif mir einen Affen
und ertränke ihn in Milch.

(In der Spree
schwimmen drei behaarte Beine.
Ich weiß nicht, wo sie her sind
und ich weiß nicht, wo sie hinwolln.
Eigentlich gehts mich nichts an.

Oder doch?
Mal gucken:
Nee. Meine sind noch dran.
Wieso eigentlich drei?
Man hat doch sonst nur zwei.
Oder, berlinisch: zwee.
Jeheimnisse der Spree.)

Ein Künstlersteckbrief

28. Januar 1901. Ich werde geboren, Sohn meiner Mutter Susanne. Sie ist eine gläubige Frau. Vom Vater weiß ich nicht viel. Den Aussagen einiger Tanten zufolge war er ein Träumer und trank. Fiel er im Bordell von einer Leiter? Man deutet mir so etwas an. Bis 1918 Besuch des Progymnasiums in Bern; verkehre früh mit einer deutschen Pazifistin. Erste literarische Gehversuche werden in Alfred Währmanns Zeitschrift ›Die Treppe‹ veröffentlicht. Es folgen Lehr- und Wanderjahre. 1925 trinke ich meinen ersten Tomatensaft (Begeisterung für die USA). Ein Jahr später Beginn der Korrespondenz mit Nelly Wasser in München (Türkenstraße 15). 1927 Übersiedlung nach Berlin. Schlage mich als Boxreporter, Zauberer im Varieté und Eilbriefträger durch. Mißlungener Versuch, »Das Postamt« von Rabindranath Tagore zu inszenieren. Erste Begegnung mit Dr. Seidel. 1928 – der erste Lyrikband »Unsichtbare Rosen« im Verlagshaus Berthold Wagenbacher wird bescheidener Erfolg. 1929 begleite ich Dr. Scheller auf einem Ballonflug von Berlin nach Königsberg. Sechswöchiger Spitalaufenthalt. Heirat mit Nelly Wasser in Babelsberg. Drehbuch für den Stummfilm »Tuberkulose«, der unerwartet zum Welterfolg wird. 1930 der erste Roman »Treppen ohne Geländer«. Neuauflage von »Unsichtbare Rosen« mit Linolschnitten von Ernst Kugel. 1931 Reise nach New York. Entwerfe dort überraschend das Geländer der Tennessee-Treppe im Tennessee-Haus. 1932 Drehbücher für Musicalfilme. Geburt des Sohnes Jakob. Neuer Gedichtband »Dornenmoos« wird von Barbara Jonson ins Englische übertragen. 1934 Geburt des Sohnes Herrmann. 1935 Geburt des Sohnes Heinrich. Dr. Seidel übernimmt die Rabolta-Werke in Herford. Tref-

fen mit Gwendolyn »Gala« Hilton bei der Premiere von »Schwestern«. 1938 Regisseur des Filmlustspiels »Die ganze Welt tanzt unseren Rhythmus«. Nelly Wasser wird verhaftet. Heirat mit Gertrud von Tillmann. Der Krieg nimmt mir alles. Lediglich meiner Frau und meinen Söhnen wird kein Haar gekrümmt. Auch mein Haus in Nikolassee bleibt wie durch ein Wunder unbeschädigt. 1946 wende ich mich für drei Monate mit großem internationalen Erfolg der Hinterglasmalerei zu. Diverse schmale Lyrikbände folgen und finden Absatz und Anerkennung. Meine Romantrilogie »Die Vespergesellschaft« breche ich 1954 verzweifelt ab. Politisches Zerwürfnis mit der Schweizer Delegation auf dem PIFA-Kongress in La Chaux-de-Fonds. Mein neues Haus in Elsfleth wird 1957 fertig. Der spätere Bundeskanzler Schmidt ist mehrfach gern zu Gast dort. Das Mosaik neben der Eingangstür schuf Dr. Seidel. Das Haus ist lange Anlaufpunkt für Baukunststudenten aus aller Welt, da es eine der ersten und schönsten Durchreichen Europas hat. 1959 Tod meiner Frau. An der Beisetzung nimmt neben Dr. Seidel auch Kammersängerin Professor Elke Stein teil, trotz ihres schweren Salzburger Bühnensturzes. Heirat mit Irene Römer. Hüftoperation. Diverse Kurzfilmprojekte. 1962 Übersiedlung nach Kalifornien, des Klimas wegen, auf Wunsch meiner Frau. Dort keine künstlerischen Arbeiten. Geburt der Töchter Jenny und Marlies. 1971 Tod meiner Frau. An der Beisetzung nimmt neben Dr. Seidel auch Kammersängerin Professor Elke Stein teil, trotz ihres hohen Alters. Rückkehr nach Deutschland. Beschäftigung mit informeller Malerei. 1973 Heirat mit Celeste von Reimann. Erneute Hüftoperation. Streit mit Dr. Seidel. Mitwirkung am Episodenfilm »Warum stottert Rüdiger K.?«. Analytisch-heiterer Roman »Die Treppe ins Glück«. Die Tennessee-Treppe im Tennessee-Haus wird von Vandalen zersägt. Reise zur Rekonstruktion des Geländers sofort in die USA. 1976 Gastprofessur für Fotokopie in Pasadena. 1977 endgültige Rückkehr nach Deutschland. Gespräche in Kassel. 1978 Entwurf eines Kreuzwegs aus eingeschmolzenen Rüstungsgütern für einen Kirchenneubau in Pirmasens. 1979 Unterzeichnung des Krefelder und des Zürcher Appells. Video-Installation »Prometheus« im Garten des Bundeskanzleramtes. Tod meiner Frau. Hüftoperation. 1980 beginne ich verbittert mein Spätwerk. Mein Spätfilm über die Juli-Unruhen bringt mir den HULE-Preis der PIFA ein. Bruch mit dem DAAD. 1984 Tod von Dr. Seidel. An der Beisetzung nimmt auch Kammersängerin Professor Elke Stein teil, trotz ihrer inzwischen kompletten Erblindung. Seit 1986 lebe ich in Berlin-Kreuzberg, dem aufregendsten Platz auf der Welt, und lese dort den jungen Leuten meine alten Gedichte vor.

Das Gründungskonzert des Weltjugendnichtraucher-Orchesters

Eine Live-Reportage mit Musik

Man sollte vielleicht gleich zu Anfang betonen, damit keine falschen Vorstellungen geweckt werden, daß es sich bei den jungen Menschen, die sich zu diesem Orchester zusammengefunden haben, nicht etwa um ausgebildete Musiker – was ja ohnehin verwundern würde angesichts der Jugend der Musiker –, aber auch nicht um Musikstudenten handelt, sondern um reine Laienkünstler, Schüler, Studenten, Lehrlinge, aber auch junge Menschen ohne Arbeitsplatz, die auf diese Weise nicht auf der Straße liegen, sondern in der Geborgenheit der Gruppe gemeinschaftlich etwas Schönes tun und damit auch noch anderen Menschen helfen wollen. Wir sollten daher dieses Konzert auch weniger als ein musikalisches Ereignis werten, sondern mehr als einen beachtenswerten Versuch, diesem neuen internationalen Gedanken des Nichtrauchens zu mehr Breitenwirkung zu verhelfen. Die jungen Männer tragen jetzt gerade ihre Instrumente herbei; junge Frauen sind auch unter ihnen auszumachen. Wahrscheinlich mussen sie erst einmal ein wenig stimmen, so daß mir noch Zeit bleibt, Ihnen einen kleinen Überblick über die Geschichte des Nichtrauchens zu geben. Der Ursprung dieser Idee liegt – wie könnte es anders sein – in den Vereinigten Staaten von Amerika, genauer gesagt im Bundesstaat Connecticut, wo 1912 eine junge Buchhändlerin ihren Vater, einen Priester, der als Kind mit seinen Eltern aus Deutschland in die USA auswanderte, in reglosem Zustand in der Sakristei vorfand – oh, ich hoffe, Ihnen diese übrigens nebenbei gesagt noch recht amüsant werdende Geschichte später noch zu Ende erzählen zu können, doch die Musiker haben ihre Instrumente erstaunlich fix gestimmt. Der Dirigent betritt das Podium. Ich habe leider keine persönlichen Daten über ihn vorliegen, doch ich habe in Erfahrung bringen können, daß das Internationale Jugendnichtraucher-Orchester aus jungen Menschen aus der Bundesrepublik Deutschland, Luxemburg und dem Irak besteht. Ah, die Musik beginnt. Genauere Informationen über das Stück habe ich leider nicht; alles, was durchgesickert ist, ist, daß es sich um einen nichtrauchenden Komponisten handelt, doch sollte man deswegen keine vorschnellen Urteile fällen. Bleiben Sie bitte noch ein wenig an den Apparaten. Lassen Sie uns doch erst einmal ein wenig zuhören. Ja . . . . . . Ja . . . . . . Natürlich, man hört es schon ein wenig, aber soweit man mich unterrichtet hat, stammt das nächste Werk aus der Feder eines Rauchers. Warten wir also ab. Es hat ja im Vorfeld manche Unstimmigkeiten gegeben: Man schrieb einen Kompositionswettbewerb aus, und zuerst war vorgesehen, nur nichtrauchende Komponisten zu berücksichtigen, doch nachdem die Jury die ersten Einsendungen gesichtet hatte, wurde allen bald klar, daß man zum Zwecke der Durchführbarkeit dieses Konzerts wohl auch rauchende Tonschöpfer zulassen müssen würde. Jetzt beginnt schon das zweite Stück. Ja, das hört sich schon ein wenig anders an! Wie ich inzwischen herausgefunden habe, ist der Dirigent ein einundzwanzigjähriger angehender Versicherungskaufmann aus Köln, seine Freundin spielt Piccoloflöte. Er trägt ein weißes, ganz eng anliegendes Tricot; überhaupt tragen alle Musiker diese hautengen, schulterfreien Stretchstoff-Tricots – alle ganz in weiß. Doch da hinten sehe ich zwei schwarze Flecke: Es ist der junge Paukist aus dem Irak. Er hat die Arme hochgehoben; offenbar erwartet er seinen Einsatz. Haben Sie schon einmal so tiefschwarz behaarte Achselhöhlen gesehen? Gleich wird er zuschlagen – das ist ja unglaublich, diese schwarzen Haarmassen inmitten all der weißen deutschen Bläser und Streicher – wie zwei Kohlengruben im Schnee! Schön wäre es, wenn jetzt die Kamera an diesen kleinen arabischen Derwisch noch ein wenig näher heranfahren könnte! Er bäumt sich auf mit seinen Schlegeln in der Hand, seine gewaltigen Pauken stehen beinahe flehend vor ihm, ja, jetzt wird er zuschlagen! Wenn die Kamera doch noch ein wenig – oh, die Kamera macht einen Schwenk – ja, sicher, die jungen deutschen Geigerinnen mit ihren Pferdeschwänzchen sind sicher auch nicht ganz unattraktiv. Aber, meine Damen und Herren, dieser junge irakische Paukist war doch der unbestrittene Höhepunkt bislang, und wir werden später hoffentlich noch einige seiner urkrafterfüllten Paukenschläge zu hören bekommen. Jetzt ist wieder eine Arbeit eines nichtrauchenden Komponisten an der Reihe – bei aller berechtigten Kritik darf man natürlich nie den Anlaß dieses Konzertes aus den Augen verlieren. Es ist natürlich verständlich, daß zu wirklich großem künstlerischen Schaffen ein Mehr an Anregung gehört als sie der ja doch nun einmal farblose und ereignisarme Alltag eines Nichtrauchers bieten kann, aber angesichts des guten Zweckes sollte man hier beide Augen bzw. Ohren zudrücken und allen Werken die gleiche vorurteilsfreie Aufmerksamkeit zuteil werden lassen. Die Musik scheint sich noch nicht dem Ende zuneigen zu wollen, wohl aber unsere Sendezeit; und deshalb möchte ich Sie bitten, sich Papier und Schreibwerkzeug zurechtzulegen, um die Nummer des Spendenkontos zu notieren – Sie wissen, jede Mark hilft: Postgiroamt Hamburg, Konto-Nr. 333555, Kennwort »Klassik ohne blauen Dunst«. Ich gebe zurück an Margit Voigt in Hamburg.

Ausländerinnen im Gespräch

Szene für Schülertheater, Burgtheater oder gehobenes Travestie-Ensemble

JAP *Eine Japanerin, spricht hessischen oder schwäbischen Dialekt oder so ähnlich*

IND *Eine Inderin, spricht pfälzischen oder alemannischen Dialekt oder so ähnlich*

AFR *Eine Afrikanerin, spricht fränkischen oder rheinischen Dialekt oder so ähnlich*

Auf korrektes Dialektsprechen wird nicht der geringste Wert gelegt

Schauplatz: Eine Fußgängerzone, kurz vor Ladenschluß

JAP He, Inderin! Ihr Sari klemmt im Gulli!

IND Oh, vielen Dank, aber hörense mal, Japanerin, auf ihrem Kimono hinten, auf diesem Päckchen, ich weiß ja net, wie se dazu saren bei Ihnen in Japan, da hockt eine fürchterlich dicke Wespe drauf!

JAP Oh, dat isch ja förchterlisch. Machense mal weg dat Ding!

IND Ksch, ksch, schon geschehen. Wir in Indien ham ja ooch de scheißlichste Insekte bei uns dahoam.

JAP Ja, aber in Japan, da hat es auch jede Menge Viechzeug. Dis Ding hinten an mei Kimono, dat, wasse Päckchen jenannt ham, dat heeßt übrigens »Obi«.

IND A Obi is des also. Niedlisch! Ach, i winscht, i wär aach so a Japanerin wie Sie, denn mißt ick net immer in dem ollen labbrigen Sari rummarschieren.

JAP Och, dös ist doch net labbrig! Da kriegens doch wenigstens a bisserl Luft in dem Ding. In mei bleeden Kimono bin ich ja fast am Ersticken, wenn de Sonn so druffglieht. Ach, schaunse mal, da kommt so ane Afrikanerin daher!

IND O ja, und was sie für a hibsches Kriegele auf dem Kopf hat! He, Afrikanerin, kommens doch kurz mal her!

AFR Ja mei, was für oan Zufall! Hallo Inderin, hallo Japanerin! Was machen Sie denn hier?

JAP Wir ham Besorgungen gemacht. Was haben Sie denn da fürn Krug auf Ihrem Köpfle?

AFR Ja, des ist halt mei Kriegele.

IND Das sehe ich scho selber. Aber was hams denn darin in Ihrem Kriegele?

AFR Na, was a Frau halt braucht, mei Reisepaß, mei Aufenthaltsgenehmigung, mei Zigaretten, die Luftpumpen fürs Radl und a Einkaufsnetz.

JAP Und das tragens immer in der Jejend rum, das Kriegele?

AFR Ja freili, ich als Afrikanerin! Nur neulich im Theater, da hen ichs abnehme misse, sonst hen sich de Leit beschwert.

JAP Ja, dös isch verständli, gell?

AFR A wunderbare Operetten hense gebe, »Blume von Brasilien«.

IND Ei ja, des is schee. »Blume von Brasilien, blieh uff, blieh uff, im Schatten der Mangrove . . .«

Die Inderin und die Japanerin haken sich ein und singen: »Blume von Brasilien, blieb uff, blieb uff, im Schatten der Mangrove, damit ich deinen Atem spür, hoch oben auf dem Zuckerhut, denn du bist so zuckersüß, Blume von Brasilien . . .« Die Afrikanerin dirigiert die beiden mit ihrer Luftpumpe.

Die Ansprache des Bahnhofsbischofs

Liebe Freunde, nun treffen wir schon zum dritten Mal in diesem Jahr im Kongreßhaus Galle zusammen, und es mehren sich die Zeichen, die uns sagen, daß wir auf dem rechten Weg sind.

Doch wenden wir erst einmal den Blick zurück auf unser Frühjahrstreffen vor vier Jahren, als wir uns hier im Kongreßhaus Galle im Frühjahr getroffen haben – Mutter Galle schmunzelt schon da hinten; sie weiß, wovon ich rede. Auf diesem Frühjahrstreffen vor vier Jahren hat unser lieber verehrter Kollege Bischof Köhler einen Satz gesagt, über den viele von uns damals nur geschmunzelt haben, und ich gebe es gerne offen zu: Auch ich habe geschmunzelt damals. Wir haben diesen Satz nicht ganz richtig verstanden.

Mutter Galle nickt – sie weiß, von welchem Satz ich rede. Wir haben diesen Satz einfach nicht richtig verstanden. Und das, liebe Freunde, lag nicht etwa an der ja nun wahrlich keinesfalls mangelhaften Akustik dieses Kongreßhauses. Jeder von uns weiß – Vater Galle, der, wie jeder von uns weiß, unsere Treffen schon seit Jahren technisch betreut, und nicht nur technisch, Vater Galle schüttelt schon den Kopf da hinten –, jeder von uns weiß, daß man in diesem Hause glänzend verstanden wird. Nein, daß wir diesen wichtigen Satz – und heute wissen wir, daß es ein wichtiger Satz war, und natürlich noch immer ist –, daß wir diesen wichtigen Satz nicht verstanden haben, das lag – und ich trete jetzt niemandem auf den Fuß –, das lag an uns.

Wir waren nicht genügend darauf vorbereitet. Doch Bischof Köhler hat sich nicht beirren lassen von der Skepsis, die sich über unsere Reihen legte; und jetzt ist er es,

Bischof Köhler, der schmunzelt – schauen Sie sich ihn mal an –, denn er hat recht gehabt. Wir alle wissen, welchen Satz er damals sagte. Er sagte: »Ein Bischof muß da sein, wo ein Bischof gebraucht wird!«

Ich will kein Hehl daraus machen, daß mir durchaus ein wenig mulmig zumute war, als ich vor dreieinhalb Jahren mein kleines Büro oder – wie ich scherzhaft auch manchmal gerne sage – »mein Kabuff« in der Empfangshalle des Krefelder Hauptbahnhofes bezog. Ein kleiner verglaster Kasten, in dem es noch ein wenig nach Fresien und Gladiolen roch, denn es war bis vor kurzem noch eine Blumenhandlung darin gewesen; und mir schoß durch den Kopf, wie würden sie reagieren, die Reisenden, die Krefelder und ihre Besucher, wenn sie mich darin sitzen sehen würden, wo sie tags zuvor noch Moosrosen, Tulpen und Blumengestecke für die Geburtstage, Hochzeitstage und andere freudige Anlässe und natürlich auch Beerdigungen ihrer Freunde, Nachbarn und Verwandten gekauft hatten?

Würden sie vielleicht achselzuckend und kopfschüttelnd die Brauen hochziehen oder gar verärgert sein? Oder würden sie einfach nur vorübergehen? Doch nach wenigen Minuten wußte ich, daß meine Befürchtungen nicht nur unbegründet, sondern auch unberechtigt waren.

Kaum daß ich fertig angekleidet war, klopfte ein kleines Mädchen von vielleicht fünf oder sechs Jahren an die Scheibe meines Kastens. Seine Mutter, offensichtlich ein wenig verunsichert, versuchte es noch wegzuzerren, doch ich öffnete die Tür, streichelte dem Kind über seinen blondgelockten Kopf und fragte es, woher es komme und wie es heiße. Nicole hieß das Mädchen, und sie komme aus Düsseldorf. Die Mutter fügte hinzu, daß sie ihre Großmutter, das heißt ihre Mutter, also die Großmutter des kleinen Mädchens besuchen wollten, der gehe es nicht so gut, und man wolle mal nach dem Rechten sehen.

»Die Oma ist krank?« fragte ich, und die Mutter der Kleinen senkte den Kopf. »Ja«, antwortete sie so leise, daß man eine Stecknadel hätte fallen hören können, »und wir haben die Befürchtung, daß sie nicht mehr lange ...« Weiter kam die Frau nicht: Sie brach in Tränen aus. Ich nahm sie in den Arm, und mit einem Mal wurde mir schlagartig bewußt, was Bischof Köhler gemeint hatte, als er vor vier Jahren hier im Kongreßhaus Galle den Satz sagte, über den wir anfänglich so geschmunzelt hatten: Ein Bischof muß da sein, wo ein Bischof gebraucht wird!

Auf einem Bahnhof! Wo Menschen auf dem Wege sind, wo Menschen ankommen, vor schwierigen Entscheidungen stehen oder gerade Schwieriges entschieden haben, wo ein Mensch ständig in die unwirtlichen Randzonen seiner Existenz hinabzugleiten droht, dort muß ein Bischof sein!

Heute sind Bischöfe von kaum einem Bahnhof mehr wegzudenken. In nur dreieinhalb Jahren sind wir Bahnhofsbischöfe so sehr in das Bewußtsein der Reisenden eingedrungen, daß uns niemand mehr missen möchte. Und trotz aller Unkenrufe aus gewissen Ecken und Lagern – journalistischen Lagern! – haben wir Bahnhofsbischöfe uns aus keinem Bahnhof wegdiskutieren, wegignorieren lassen.

Kopfschütteln und Achselzucken sind heute selten geworden auf unseren Bahnhöfen.

Natürlich war es im Süden unseres Landes leichter als im Norden, und im Westen hatten wir – wer wollte da den Vogel Strauß spielen vor den Realitäten? – weit weniger Schwierigkeiten zu gewärtigen als im Osten unseres Landes. Doch wir sind, das sagte ich eingangs bereits, auf dem richtigen Weg. Es ist ein schwieriger Weg, doch schwierige Wege haben auch die Menschen auf einem Bahnhof vor oder hinter sich. Aber das sind alles lohnende Wege, und das müssen wir den Menschen auf den Bahnhöfen sagen.

Ich will nun nicht noch weiter ausholen – Mutter Galle zwinkert schon mit der Sektflasche dahinten; ja, das muß auch mal sein –, Sie alle haben Ihre Erfahrungen gemacht, viele ermutigende waren darunter, und von den wenigen entmutigenden Erfahrungen, die es auch gab und vermutlich auch weiterhin geben wird, wird sich keiner von uns entmutigen lassen.

Ich will schließen mit dem Satz von Bischof Köhler, über den heute keiner von uns mehr schmunzeln mag: Ein Bischof muß da sein, wo ein Bischof gebraucht wird. Ein Prosit auf Mutter Galle!

Gespräch mit dem Bahnhofsbischof

– Kann man Ihrer Rede, die wir eben gehört haben, entnehmen, daß sich die Kirche in einem Prozeß des Wandels befindet?

– Kirche ist einem stetigen Wandel unterworfen, genau wie die Landschaft, auf die man aus dem Fenster eines dahineilenden Eisenbahnzuges schaut.

– Ich danke Ihnen für dieses Gespräch.

Eberhard

Wenn Juwelen aus Versehen funkeln
und Rüben nur aus Rücksicht runkeln
wenn die Gemeine Gartenamsel intensiv nach Käse riecht
und der Emmentaler Käse jedes Jahr gen Süden fliecht
dann kommt er gleich
dann kommt er gleich

– Staatsstreich? Staatsstreich?

Wart, laß mich zu Ende reden:
Wenn die Königin von Schweden
ihrem Ehemann, dem König, sagt
in Schweden sei es ihr zu kalt
und überhaupt: Stockholm sei halt
so etwas von öde, insbesondere nachts
ojemine, da kommt er schon
ojemine, da kommt er schon

– Der Anstifter zur Revolution?

Ach was! Der blöde Eberhard
in seinem Flohmarktmantel
und seiner viel zu stark geschminkten Freundin!

– Igitt, die alte Hexe!

Und er erst: nur Komplexe

– Was hat er denn für welche?

Einen ganz banalen:
Im Dunkel seiner Unterhose
wohnt eine Totalphimose
das heißt: Die Vorhaut ist verengt
was er allerdings verdrängt

denn ihm graut vorm Hospital
wo man sein Geschlechtsmerkmal
zwar in tiefer Vollnarkose
aber ohne Unterhose
mit spitzen Krankenschwesterfingern
und Skalpellen und so Dingern
chirurgisch reduzieren würde

– Kein Wunder, daß ihm davor graut!

Ach was, son kleiner Lappen Haut

– Und was sagt seine Freundin?

Die arbeitet im Hospital

– Dann ist es doch nicht so banal

Gespräch mit der Radiotrinkerin

M *Der Moderator*
R *Die Radiotrinkerin*

M Ich habe heute einen Studiogast, der seinen Namen aus Gründen, die die Hörer später noch zu verstehen lernen werden, nicht nennen will. Damit ich unseren Gast – es handelt sich genauer gesagt um eine Gästin – überhaupt ansprechen kann, will ich ihn in diesem nun folgenden Gespräch Vera nennen. Guten Abend, Vera.

R Guten Abend.

M Ich kann mir vorstellen, daß jetzt schon der eine oder andere Hörer deine Stimme erkannt hat, und ich bin sicher, daß es gleich bei vielen klingeln wird, wenn ich sage, Vera ist die Radiotrinkerin.

R Ich bin die Radiotrinkerin.

M Ein Kritiker hat dich mal die Sarah Bernhardt des Alkohols genannt.

R Ich kenne diesen Vergleich, und ich halte ihn für alles andere als gut gewählt. Das hinkt doch, wo es nur kann. Erstens bin ich keine Schauspielerin, sondern eine leibhaftige Radiotrinkerin, und zweitens war Sarah Bernhardt selber dem Alkohol ganz und gar nicht abgeneigt . . .

M Hat die so viel getrunken? Das wußte ich gar nicht.

R Ich glaube schon. Wenn ich mich nicht irre, ist die mit dem Alkohol untergegangen.

M Gehst du auch unter?

R Ich gehe nicht unter. Ich werde auch nicht mein Lebtag Radiotrinkerin sein.

M Ich glaube, wir sollten jetzt vielleicht mal für die Hörer, die, was deine Existenz anbelangt, bislang noch im Dunkel der Uneingeweihtheit hausen, erklären ...

R Gibt es solche Hörer? Du formulierst übrigens preisverdächtig ...

M Danke. Aber, Vera: Ich wollte dir jetzt keineswegs deine sicher beachtliche Prominenz abstreiten, aber deine Sendungen sind ja bei uns in Berlin leider nur ganz schlecht zu empfangen. Du hast also bei einem westdeutschen Sender, und zwar, ich finde das beachtenswert, bei einem öffentlich-rechtlichen, einmal pro Woche eine vierstündige Live-Sendung, von 22.00 bis 2.00 Uhr, glaube ich ...

R 22.30 bis 2.00. Also nur dreieinhalb Stunden.

M Ja, Entschuldigung, und in dieser dreieinhalbstündigen Live-Sendung sitzt du am Mikrofon und betrinkst dich. Sonst passiert ja eigentlich nicht viel.

R Nun ja, immerhin erzähle ich noch etwas nebenbei. Ich betrinke mich und rede vor mich hin, was mir gerade so einfällt.

M Und da fällt dir ja einiges ein. Du wirst also im Laufe der Sendung kontinuierlich immer betrunkener, und du redest immer wilderes oder wirreres Zeug, wirst immer kühner, frecher oder, wie soll ich sagen ...

R Ich rede halt immer betrunkener. Es kommt ganz auf meine Tagesform an, ob ich mit der Zeit albern oder unflätig oder auch mal richtig aggressiv werde; meistens verfalle ich wohl in so eine Art Säufermelancholie . . .

M Du mußt ja unwahrscheinlich schnell trinken können. Ich meine, dreieinhalb Stunden sind zwar eine beträchtliche Zeit, aber ich kann mir nicht vorstellen, daß das ausreichen kann, so richtig voll drauf zu kommen, zumal du ja ununterbrochen redest . . .

R Es ist ja nicht so, daß ich nüchtern ins Studio komme. Ich trinke vor der Sendung, im Verlauf von zwei Stunden etwa, zwei Flaschen Wein und drei oder vier Whisky pur und mache dann vor dem Mikro mit Wodka oder Whisky weiter; gegen halb zwei dann steige ich auf Bier um.

M Wieso diese genaue Getränkefolge?

R Ich habe da alles mögliche ausprobiert, aber es war mir von Anfang an klar gewesen, daß ich mit Bier nicht beginnen kann, obwohl das Bier rhetorisch erfahrungsgemäß zu den besten Ergebnissen führen würde, aber Bier hat nun einmal, verglichen mit den harten Sachen, einen ziemlich hohen Flüssigkeitsgehalt im Verhältnis zur berauschenden Wirkung . . .

M O. K. Ich glaube, das haben alle verstanden. Du kannst ja während der Sendung nicht alle zehn Minuten zum Händewaschen verschwinden.

R Eben.

M Wie machst du das eigentlich technisch? Bist du die ganze Zeit allein im Studio?

R Nein, da ist natürlich noch ein Tontechniker. Der fährt mich auch nach der Sendung dahin, wo ich übernachte.

M Wo übernachtest du denn?

R Das werde ich hier ebensowenig vom Turm blasen wie meinen Namen.

M Is klar. Was machst du am Tag danach?

R Den Tag danach verbringe ich schlafend im Bett.

M Wo denn?

R Da, wo ich übernachte.

M Das heißt, du fährst erst am übernächsten Tag nach Haus in deinen Wohnort.

R Ja, ich verschlafe den ganzen Tag, und ganz früh am nächsten Morgen fahr ich mit dem Auto zurück zu meiner Familie.

M Hat eigentlich dein Mann davon Kenntnis, daß du die Radiotrinkerin bist?

R Nein, und meine Kinder wissen das auch nicht.

M Wie viele Leute in Deutschland wissen denn eigentlich, daß du die Radiotrinkerin bist?

R Ich wußte, daß die Frage mal kommen würde. Es wissen das genau fünf Leute: der Tontechniker, zwei weitere Leute im Sender, das heißt der Chef natürlich und dann noch der Nachtpförtner. Außerdem die Person, bei der ich übernachte, und der fünfte bist ja seit geraumer Zeit du.

M Was dir ja anfangs gar nicht recht war. Du hast mir auch strikt untersagt, davon zu sprechen, wie ich dahintergekommen bin. Ich halte mich natürlich an das Verbot.

R Das will ich dir auch dringendst geraten haben.

M Den Rat befolge ich ... Wie erklärst du eigentlich deiner Familie, daß du jede Woche zwei Tage weg bist?

R Mein Alibi ist hieb- und stichfest. Ich werde mich hüten, das genauer zu erklären.

M Du bist berufstätig.

R Ja.

M Sagst du ein bißchen mehr?

R Ich bin juristische Sachverständige in einer deutschen Großstadt. Das muß ausreichen.

M Ich glaube, wir können jetzt mal einen Ausschnitt aus einer deiner Sendungen einspielen, dann können sich die Hörer am besten ein Bild davon machen, was eine Radiotrinkerin ist. Kann die Technik das einspielen? Apropos Technik: Da sollte man noch erwähnen, daß du darauf bestanden hast, deinen eigenen Tontechniker zu diesem Interview mitzubringen. Also, hier erstmal der Ausschnitt:

Flaschengeklirr, Gläserklappern, Trinkgeräusche. Eine unverkennbar stark angetrunkene Frau versucht ziemlich vergebens, etwas mitzuteilen. Man kann nur Bruchstücke verstehen:
»Was isn los/Schweine da/Schleswig Holstein/Nach Geld stinken die Säue/Jedes Jahr fahrnse fünfzigtausend Kinder tot/Wieso gehtn die Flasche nicht auf/Ausschuß ist dochn Ausschuß-Ausschuß/Knochenkrebs/Die stinken doch nach Schnaps, die Säue/Frauen müssens ausbaden/Die Scheißkaffeefilter reißen/Die Scheißpariser auch/Jetzt hab ich mir in den Finger geschnitten/Scheißmetallverschlüsse/Jetzt hab ich Flecken am Kleid/Alles wird inne Landschaft geschmissen/Jetzt muß ich mirn Finger ablecken/ Das hörn die Kieler Säue wohl gerne ... etc.«

M Ja, Vera, mit am interessantesten an deinen Sendungen ist immer, wie du auf aktuelle politische Ereignisse eingehst. Aber irgendwie kann ich mir nur ganz schlecht vorstellen, daß du das eben warst, wenn ich dich hier so ganz Dame sitzen sehe ...

R Man erkennt es an den klappernden Armreifen, immerhin. Aber Spaß beiseite: Ich konnte es zuerst auch nicht glauben, daß ich das bin. Ich habe mir die erste Sendung auf der Autofahrt nach Hause auf Kassette angehört, und ich dachte, um Gottes Willen, dieses sabbernde Wrack da soll ich sein, und ich sagte mir, das machst du nie wieder, und ich habe es dann, wie du weißt, doch wieder gemacht, inzwischen zweiundsechzigmal. Es ist einfach interessant, man erfährt soviel über sich selbst, es ist mehr wert als alle Traumdeutung ...

M Du hörst also erst auf der Autofahrt nach Hause, was du überhaupt gesagt hast. Du kannst dich also an nichts erinnern?

R An die erste Stunde vielleicht, aber danach ist Filmriß.

M Ja natürlich. Wie seid ihr überhaupt auf die Idee gekommen oder du, oder wem ist überhaupt die Radiotrinkerin eingefallen?

R Das ist eine längere Geschichte.

M Wir haben Zeit für längere Geschichten.

R Gut. Eigentlich ist es auch eher eine kurze Geschichte. Vor etwa zwei Jahren war ich mal im Theater mit dem Programmchef des Senders, der jetzt mein Sender ist – ich kannte ihn schon seit längerem privat – und das Stück, das wir uns ansahen, war »Vor Sonnenaufgang« von Hauptmann, in einer Inszenierung von Rudolf Noelte, soweit ich mich erinnere, und in dem Stück gibt es doch die Figur des reichen Bauern Krause, der gewissermaßen als running gag dann und wann über die Bühne stolpert und irgendwas von sich gibt. Hinterher waren wir dann noch essen und kamen irgendwie auf das Thema »Schauspieler, die Betrunkene darstellen«, und wir fanden eigentlich beide, daß es nichts Unechteres oder Unbeholfeneres gibt als eben einen verdienten, gediegenen Schauspieler, so einen richtigen Staatsschauspieler, der einen Betrunkenen darstellt. Ich meine, ein Schauspieler kann natürlich eigentlich alles spielen, heute den Teufel und morgen den Papst, aber die Darstellung von Betrunkenen läuft doch immer auf die ewig gleichen, stolpernden, auf Lacheffekte zielenden Stereotypen hinaus; das ist alles viel zu konzentriert, zu pointiert, wenn man so will, und da kam uns gemeinsam der Einfall, man müßte mal was Echtes in der Art machen, mit einem tatsächlich Betrunkenen, der hemmungslos mit allem herausplatzt, was sich ihm grad so im Schädel rührt. Auf die Idee, daß ich das selber sein könnte und daß es im Radio stattfinden soll, sind wir erst viel später gekommen.

M Hast du denn damals privat schon viel getrunken? Ich meine, es ist doch zumindest für eine erfolgreiche Frau mit solidem familiärem Background ein ziemlich merkwürdiger Entschluß, zu sagen: »Ich werd mich jetzt einmal wöchentlich bis zum Geht-nicht-mehr vollaufen lassen.«

R Auf deine erste Frage möchte ich antworten, daß ich selber eigentlich nie sehr viel getrunken habe, aber ich war komischerweise immer ganz gern in Gesellschaft von Betrunkenen. Das war schon ganz früher so. Ich erinnere mich noch daran, wie ich als Studentin mit meinem ersten festen Freund in Frankreich war in den Semesterferien. Abends war nicht viel los, ich habe mich dann immer ins Bett gelegt, und er saß am offenen Fenster auf dem Fensterbrett, schaute mich an und hat ein Glas Bier oder ein Glas Wein nach dem anderen getrunken. Ich hab ihn regelrecht zum Weitertrinken aufgefordert. Ich mochte das, zu beobachten, wie er immer besoffener wurde und was er dann so erzählte.

M Das finde ich aber auch etwas sonderbar. Die meisten Frauen haben doch eher eine gewisse Abscheu oder sogar Angst vor betrunkenen Männern.

R Ich weiß, ich weiß. Manche neigen ja dann auch ein bißchen zum Rabaukentum. Aber das sind Leute, die von sich aus schon unangenehm oder aggressiv sind. Die meisten Menschen, egal ob Männer oder Frauen, werden eher zutraulich und ganz liebenswürdig, wenn sie zuviel getrunken haben. Es fangen doch nur ganz wenige mal zu randalieren an.

M Ja, das stimmt eigentlich. Die meisten Menschen, die dann richtig abstoßend sind, sind nüchtern genauso abstoßend. Aber eins würde mich jetzt noch interessieren: Wann hast du dich entschieden oder wie, daß du selber die Radiotrinkerin machen willst?

R Ich habe von vornherein ganz realistisch gesehen, daß ich nie jemanden für die Rolle des Radiotrinkers finden würde. Da gehört schließlich auch einiges an Courage dazu, sich so zu entblößen. Sag mal ehrlich, wenn du gefragt worden wärst, hättest du das Angebot angenommen? Ich wette, du hättest nicht.

M Ich? Ich wäre da, glaub ich, völlig fehl am Platze. Ich

vertrage überhaupt keinen Alkohol; ich trinke so gut wie nie etwas ...

R Siehst du, das hätten alle gesagt. Alle würden plötzlich überhaupt nicht einen Tropfen vertragen. Wie gesagt: Es gehört eine tüchtige Portion Mut dazu, sich wirklich komplett vollaufen zu lassen. Die meisten haben einfach Angst davor, daß sie sich daneben benehmen könnten oder daß sie irgend etwas aus sich herauslassen könnten, was sie lieber für sich behalten wollen. Also, das war von Anfang an ein fait accompli. Ich habe mich quasi für die Idee geopfert, na ja, geopfert ist hochgestapelt; ich war ja fasziniert davon, aber ich habe mich zu Verfügung gestellt.

M Und es ist eine der erfolgreichsten und am meisten kontrovers diskutierten Radiosendungen der jüngeren Rundfunkgeschichte geworden.

R Keine Sendung seit der Einführung des Farbfernsehens hat mehr Zuhörer gehabt.

M Was hat denn das Farbfernsehen damit zu tun?

R Nichts eigentlich. Das war eben blöd formuliert. Ich meine, keine Radiosendung der letzten zwanzig Jahre war erfolgreicher.

M Es scheint also in der Bevölkerung ein Bedürfnis nach einer gewissen Drastizität zu geben, oder heißt es: Drastismus? Oder: die Drastik? Ja genau, Drastik heißt es, also ein Bedürfnis nach schonungsloser Offenheit. Wie waren eigentlich die ersten Publikumsreaktionen?

R Drastisch! Es hagelte empörte Zuschriften und Anrufe; Zustimmung kam anfangs nur wenig. Aber das Verhältnis hat sich ja ganz schnell zu meinen Gunsten umgekehrt.

M Was für Leute sind das, die dir schreiben?

R Es sind überwiegend Leute, die Probleme haben mit dem Alkohol, Probleme völlig unterschiedlicher Art allerdings. Manche schreiben, daß sie getrunken haben und es jetzt nicht mehr tun und sich statt dessen meine Sendung zu Gemüte führen, das habe den gleichen Effekt. Andere betrinken sich während meiner Sendung. Ich bin sozusagen deren Trinkpartnerin geworden. Die sind dann froh, daß sie nicht mehr alleine trinken müssen. Und dann gibt es noch welche, die sich bislang nicht getraut haben, exzessiv Alkohol zu konsumieren, und sich bei mir bedanken, daß ich ihnen den Mut dazu gegeben habe.

M Warum, meinst du, haben sich diese Leute vorher nicht getraut?

R Das läßt sich so eindeutig nicht ermitteln. Manche fürchten vielleicht ernsthaft eine Beeinträchtigung ihrer Gesundheit, aber ich glaube, die meisten haben eher Angst um ihren guten Ruf oder um die Karriere.

M Willst du damit sagen, Abstinenzler seien eher Karrieretypen als Trinker?

R Das liegt doch klar auf der Hand. Sie haben die Befürchtung, daß sie morgens nicht aus dem Bett kommen oder daß ihnen der Alkohol vielleicht einmal mehr Spaß bereiten könnte als das berufliche Fortkommen. Ich habe durch die Reaktionen auf meine ja inzwischen zweiundsechzig Sendungen den Eindruck bekommen, daß fanatische Alkoholverschmäher oft ganz knallharte Karriere- oder Machttypen sind, während Trinkern Macht eher suspekt ist. Fitness bedeutet Macht.

M Da lassen sich auch Gegenbeispiele finden. Guck dir

mal Ceausescu an, der sieht doch nicht besonders fit aus. Und meinst du nicht, daß du den Alkohol gerade unter jüngeren Leuten, die Machtstrukturen ja eher argwöhnisch betrachten, bei denen du aber mit der Sendung hoch im Kurs stehst, durch solche Äußerungen allzusehr propagierst?

R Nein. Ich meine ja nur, daß Alkoholkonsum von zu vielen Menschen zu leichtfertig abgelehnt wird, und das Gerede davon, daß Alkohol keine Probleme lösen könne, halte ich wirklich für einen sehr stark revisionsbedürftigen Gemeinplatz. Gelegentlicher, ich betone: gelegentlicher exzessiver Alkoholgenuß, und ich betone auch das: exzessiver Alkoholgenuß – drei Gläser Wein zum Essen bringen überhaupt nichts – kann durchaus entkrampfen und Probleme überhaupt erst bewußt machen und dadurch eventuell doch zu einer Lösung beitragen.

M Eventuell!

R Eventuell!

M Hast du je Ärger mit den Blaukreuzlern oder Guttemplern oder ähnlichen Organisationen gehabt?

R Überhaupt nicht. Die scheinen meine Sendung für cinc Art Satire oder Kabarett zu halten, was mir, ehrlich gesagt, nicht ganz recht ist. Der Ärger kommt von der ganz anderen Seite, nämlich von der Alkoholindustrie, deren Vertreter ganz offen sagen, in meiner Sendung werde der Alkoholkonsum von seiner abstoßendsten Seite gezeigt und daß ich den Bundesbürgern die Freude an ihrem Feierabendbier vermiesen würde. Die Spirituosen-, Winzer- und Brauerlobby klüngelt da jetzt ganz schön herum in Bonn, und ich fürchte, die Radiotrinkerin wird es nicht mehr lange geben.

M Steht der Sender noch hinter dir?

R Noch, ja, aber ich fürchte, die werden dem Druck eines Tages nachgeben. Nachgeben müssen.

M Das wäre jammerschade für die deutsche Radiokultur. Wir haben jetzt gerade noch die Zeit für einen zweiten kleinen Ausschnitt aus einer deiner Sendungen. Ich wünsche dir alles Gute und will mich ganz herzlich für dieses Gespräch bedanken.

R Ich danke dir auch.

Gläserklirren, Bierdosenzischen, Flüssigkeitsglucksen, Schnaufen und Armreifengeklapper. Die Radiotrinkerin murmelt versonnen:
»Wie spät ist jetzt?/Ach so, schon so spät/Als ich dreizehn war, ham meine Eltern sich einen neuen Schlafzimmerschrank gekauft/Abendkleider warn dadrin/Ich hab meine Eltern nie im Abendkleid gesehen/Einmal am Kindergeburtstag ham wir Versteck gespielt, und ich bin in den Schrank reingewutscht/Da bin ich an die Stange gekommen, wo die Bügel dranhängen/Das hat einen Krach gemacht/Da hat mich der Alexander natürlich entdeckt/Alexander! Der hat in den sechziger Jahren ein Restaurant aufgemacht/Spanische Spezialitäten! Keine Ahnung obs das noch gibt.«

Nachbemerkung des Moderators:
Das Gespräch mit der Radiotrinkerin, das eben ausgestrahlt wurde, ist schon vor ein paar Tagen produziert worden, und im nachhinein finde ich ein bißchen, daß ich der Dame ruhig mal mehr auf die Finger hätte klopfen können, da ich ihre Gedanken zum Thema Alkohol größtenteils ziemlich abstrus finde. Aber als ich ihr gegenüber-

saß, war ich ziemlich überwältigt von ihrer Präsenz und ihrem Charme, so daß ich mich vielleicht über Gebühr zurückgehalten habe. So einer Dame klopft man ja doch nicht so einfach auf ihre Finger.

Dreizimmerwohnungen
oder
Geweihe brennen schlecht

– Fräulein, wissense was?

– Nee.

– Ihnen hängt ein Zettel am Mund.

– Wirklich? Was steht denn drauf?

– Graugetigerter Kater entlaufen. Suche außerdem Dreizimmerwohnung in Hildesheim.

– Wieso denn Hildesheim? Was soll ich denn in Hildesheim?

– Ja, das frag ich mich auch, was so ein hübsches Mädel wie Sie in Hildesheim soll ...

– Oh, danke! Aber außerdem: Ich hatte nie Katzen.

– Aber vielleicht einen Kater?

– Kater hab ich jeden Morgen, aber keinen graugetigerten.

– Auf den Mund gefallen sind Sie aber nicht – übrigens, was sollten Sie überhaupt mit drei Zimmern anfangen? Gerade die Dreizimmerwohnungen sind doch die ärgsten Staubfänger!

– Ich sage Ihnen: Ich habe mal in einer Dreizimmerwohnung gewohnt. Und da war immer ein Dreck! Und überall standen Flaschen herum! Nie wieder Dreizimmerwohnung! Einmal und nie wieder!

– Ja, das finde ich auch. In einer Vier- oder Fünfzimmerwohnung verteilen sich doch die Flaschen viel besser.

– Viel besser. Aber mit Katzen ist auch das noch ein Problem. Niedlich sind sie ja, aber sie stoßen ja immer die leeren Flaschen um, dann klirrt das immer so. Ständig dieses Geklirre, ein Alptraum ist das.

– Apropos Alptraum: Ich hatte neulich einen fürchterlichen Alptraum, den will ich Ihnen mal kurz erzählen. Ich lief durch die Fußgängerzone, Wilmersdorfer Straße, mit einem Geweih auf dem Kopf. Ein Riesending von Geweih, so ein richtiger Sechzehnender oder wie so was heißt, und das Geweih verhedderte sich in einem fort in der Weihnachtsbeleuchtung, die über der Fußgängerzone aufgespannt war. Es war nämlich Weihnachten in dem Traum, obwohl ich es im Mai geträumt habe, am 23. Mai, das weiß ich so genau, weil das der zehnte Scheidungstag von mir und meiner Frau war, und da hab ich immer ganz fürchterliche Alpträume . . .

– Ach, Sie sind geschieden! War Ihre Frau nicht hübsch oder was?

– Bildhübsch war sie! Aber sie hat mich immer so gehänselt wegen meinem Geschrei in der Nacht.

– Wieso schreien Sie denn nachts?

– Weil ich doch immer diese Alpträume hab.

– Ach, die hatten Sie auch schon vor der Scheidung?

– Vor der Scheidung, nach der Scheidung! Jeder muß sein eigenes Leben leben. Da hilft einem keiner. Wir haben übrigens interessanterweise in einer Dreizimmerwohnung gelebt.

– Na, das erklärt doch alles. Da würde ich auch nachts schreien.

– Ja, nicht? Ich wollt Ihnen auch noch meinen Traum zu

Ende erzählen. Also, das Geweih verhedderte sich in der Weihnachtsbeleuchtung, und dann fiel ich auch noch in einen Gulli. Doch das Gulliloch war zu klein für mein Geweih, und dann hing ich da über dem Abgrund, hatte eine fürchterliche Angst. Dann hörte ich ein Gebrüll. Ich weiß nicht, was das für Leute waren, ich nehme an, solche Fußballfans, Sie kennen die doch, die Fußballrowdies . . .

– Ja, die kenn ich. Ich hab mal mit so einem, wie soll ich sagen, eine Nacht verbracht. Sie kennen das, nicht?

– Ja, kennen tu ich so was, aber wie kam denn das?

– Ich war wohl ein wenig beschwipst. Und wissense, wie der gewohnt hat? In einer Dreizimmerwohnung! Ich sage nur: Flaschen, Flaschen, Flaschen!

– Aha. Na gut. Jedenfalls haben diese Fußballrowdies dann dieses verdammte Geweih auf meinem Kopf mit Benzin übergossen und angezündet. Ich dachte, Jesus, ich verbrenne, ich verbrenne, aber das Ding kokelte nur vor sich hin, stundenlang hing ich da noch . . .

– Jaja, Geweihe brennen schlecht.

– Ganz schlecht brennen Geweihe. Aber irgendwann war es endlich weggekokelt, und ich fiel hinunter.

– Ins Abwasser? Sind Sie ertrunken?

– Nein, nicht ins Abwasser. Ich landete in einer fürchterlich staubigen Dreizimmerwohnung voll leerer Flaschen, mit einer Katze drin, die gerade geworfen hatte.

– Das ist ja furchtbar. Sind denn eigentlich Dreizimmerwohnungen unter der Wilmersdorfer Straße?

– Wahrscheinlich. Im Traum jedenfalls mit Sicherheit. Sagen Sie mal, Fräulein, hamse eigentlich Bock?

– Woraufn?

– Saufen!

– Na klar doch, geben Sie her die Flasche!

– Ist in Ihrer Einkaufstasche!

– Na, Sie sind aber auch nicht auf den Mund gefallen. A-propos Mund: Machen Sie mir bitte mal den Zettel ab?

– Ja gerne. Ah, ohne den Zettel sehen Sie ja noch attraktiver aus. Was für eine Wohnung haben Sie denn eigentlich?

– Ach, ich habe nur eine kleine Stube. Für mich alleine reicht das. Und die Flaschen bring ich immer gleich zum Container.

– Ja, das mach ich auch so. Zu welchem Container gehen Sie denn immer?

– Gotzkowsky Ecke Turm.

– Was Sie nicht sagen. Genau zu dem Container geh ich auch immer.

– Das ist ja drollig. Daß wir uns noch nicht früher begegnet sind . . .

Beide munter schwatzend ab.

Der autoritäre Salon

Ganz gewiß nur vorübergehend halte ich mich in einer Gaststätte auf, in der Spiegel hängen und recht wenig geraucht wird. Was hier verkehrt, sind stubenreine Trimm-Dich-Tierchen vom Bahnhof Hamburg-Sahnekefir, die harmonische Musik und väterliche Apotheker lieben und auch diese Getränkekarte schätzen, die zwischen Whisky und Whiskey kennerhaft unterscheidet.

Bis zum Eintreffen meiner Verabredung, die kurz und bündig abgekanzelt werden wird, werde ich kurz mal zwei Damen, die mit Radicchio beschäftigt sind, direkt in die Augen starren und so gemein verunsichern. Die haben gerade, wie ich höre, einen ausgezeichnet fotografierten Film mit einfühlsamen Schauspielern gesehen, nur der Schluß war so komisch. Starre ich zu freundschaftlich? Die lächeln mir ja zu. Kann darauf verzichten, pah, die könnten kommen und auf Knien vor mir rutschen, mir Salatschüsseln voll Zutraulichkeiten darreichen, mich mit Sprühdosen voll Zuneigung besprühen – ich red doch nicht mit Frauen, die mit 21 Jahren schon eine Waschmaschine hatten und München ganz furchtbar finden, aber doch einige sehr nette Leute da kennen. Jedoch: Allein die Mieten schon! Da arbeiten sie ja nur für die Miete! Und alle so oberflächlich da unten! (Manche sagen auch: da oben.) Berlin ist natürlich viel besser, und Leute, die München besser finden als Berlin, würden natürlich auch von diesen beiden Waschmaschinenbesitzerinnen aufs schärfste zurechtgewiesen. Meine Stadt ist voller Wunder, deine Stadt ist voller Plunder, aber natürlich: Nette Leute gibt es überall. Man muß nur die richtigen kennenlernen. Nett ist es, wenn bei einer klassischen München-Berlin-Konversation dann einer aus Köln dazustößt. Der hat dann gar nichts zu lachen. Modernes Gerede – mit Zier- und Scherzfeindschaften gurgele ich jeden Morgen. Das verleiht der Stimme einen Klang, der in der Welt etwas gelten sollte.

Endlich kommt die Verabredung, die Zahnschmerzen hat, von mir aber trotzdem wie geplant kurz und bündig abgekanzelt wird. Nichts wie raus an die Luft. Ein paar Ecken weiter öffne ich die Tür eines anderen Lokals. Hier ist das Reich der Flohmarkt-Ironiker. Man sitzt auf ironischen Sitzmöbeln, trägt ironische Kleidung und durchblättert ironische Druck-Erzeugnisse. Früher sagte man: »Das ist so scheußlich, daß es schon wieder schön ist.« Diese Aussage ist ein Standardwerk des vergangenen Jahrzehnts. Sie wird nicht immer ausgesprochen, doch hängt sie wie ein christlicher Sinnspruch über tausend Theken, hat sich fest verankert in Millionen dummer Köpfe und sorgt beständig für eine abgeschmackte Atmosphäre der Sinnlosigkeit, die sinn- oder autoritätsuchenden Menschen lange schon zuwiderläuft. Die Männer und Frauen in diesem Lokal, die ein Popstar-Lexikon von 1977 besitzen, schätzungsweise nicht ein bißchen Italienisch sprechen und noch nicht einmal ein farbiges Paßbild im Paß haben, d. h. nicht homosexuell oder ähnliches sind, gehören jener Subkultur an, die sich nicht scheut, sich öffentlich an Körperstellen zu kratzen, für die ich zumindest in nüchternem Zustand lateinische oder selbstausgedachte Bezeichnungen bevorzuge. Die Frauen tragen Frisuren, die nahelegen, mit ihnen Gassi zu gehen; die Männer machen sowieso überallhin. Privat und einzeln sind die Leute natürlich ganz reizend, en masse sind sie eine nocturne Gewerkschaft des Grauens. Hinaus, woandershin.

In einem anderen Stadtteil, in dem tagsüber Koloratursoprane und Heldentenöre durch geöffnete Fenster zur Allee hinausdringen, gehe ich einer Empfehlung nach. Die Adresse habe ich von einem, der mich für einen Freund von Abweichungen hält. Erster Stock in einem Haus, das mal als bürgerlich gedacht war und sicher auch mal war und jetzt als Anwaltspraxen-Etagère ein rentnerhaftes Dasein führt. Ein schlichtes Messingschildchen kündet in Pralinenschachtelschrift: Der autoritäre Salon.

»Das Türschild ist so stilvoll wie das eines Pudelfriseurs!« denke ich hochmütig, zögere aber nicht aus Hochmut, sondern aus Ängstlichkeit zu läuten. Dann klingele ich doch, und im Nu werde ich von einer »Frau ohne Alter«, die nicht mit Schmuck behangen, sondern eine Dame ist, nach allerlei freundlichst gefragt. Ob ich zu Fuß gekommen sei, was ich mache, um zu leben, ob ich französische Filme liebe, schon einmal in den USA war, ob ich oft erkältet sei und vieles, vieles andere. Ich antworte höflich und der Wahrheit entsprechend, denn mit der Wahrheit rauszurücken, ist prima angesichts einer Dame, an deren Ohren und Armen nichts klingelt und klappert und die auch nicht wie das Erdgeschoß des Kaufhaus des Westens riecht. So was ist heute selten.

Das Geplauder, das in leisem Ton vonstatten geht, dauert zehn Minuten, und dann sagt die Dame lieb: »Ich werd Sie jetzt Ihrem Platz zuordnen.« Sie geleitet mich an einen Tisch, an dem ein Paar Holzstühle steht. »Nehmen Sie diesen Stuhl!«

Ich handele wie angesagt, doch wie ich sitze, stört mich, daß ich noch Schal und Mantel anhab. »Gibt es eine Garderobe?«

»Nein«, erwidert sie einfach, »behalten Sie Ihren Mantel an, oder werfen Sie ihn in die Ecke da.« Ich behalte ihn an und werde nun gefragt nach Getränkewünschen. »Bier oder Wasser?«

»Ich hätte gern einen Weißwein.«

»Wir haben keinen Wein. Wollen Sie Bier oder Wasser?«

Wie Frau Schröder – so heißt die Dame – mir das Wasser

bringt, deutet sie mir an, daß sie mich in zwanzig Minuten einem Gesprächspartner vorstellen werde, worauf sie sich entfernt und an ein Fenster stellt.

Nun ist wohl Gelegenheit, mich umzusehen. Der Salon besteht aus einem Raum nur, ohne Bilder, ohne Teppich, keine Pflanzen. Nur ein Dutzend Tische plus zwei Dutzend Stühle und Frau Schröder, die am Fenster steht. Andere Gäste sind auch da – keine auffälligen Leute. Am Nebentisch sitzt eine Art Student mit einer Art Buchhändlerin. Junger Mann und alte Frau: ewig pikantes Gespann. Das Gespräch hört sich grauenhaft an. Es geht um Tiefseefische. Der Student erklärt der Frau soeben, wo der Marianengraben liegt.

»Was, sooo tief ist das Meer! Das hätte ich nicht gedacht! Und was liegt eigentlich unter dem Meer?« spricht die Frau, und er sagt: »Lava, glaub ich.«

»Dann müßte das Meer ja kochen!« gibt sie zurück, und der Student weiß nicht weiter.

Plötzlich kommt aus dem Tisch eine Stimme. Ich kann sie grad so verstehen: »Sie langweilen mich zu Tode! Konzentrieren Sie sich besser. Faseln Sie nicht. Reden Sie jetzt über die Breschnew-Doktrin!« Es knackt, und die Stimme ist weg.

»Raffiniertes System«, denke ich belustigt, »in den Tischen sind Lautsprecher drin.«

Am Nebentisch ist man hilflos zugange. Von Breschnew-Doktrin kein Schimmer. »Der hatte so buschige Augenbrauen, aber das ist wohl nicht gemeint.«

Ich tipp dem Studenten auf die Schulter in der Absicht, ihm einen Tip zu geben, worauf der nur zusammenzuckt und Frau Schröder vom Fenster herbeispringt und mir durchaus wohlwollend mitteilt, daß mein Gesprächspartner noch nicht anwesend sei. Ich müsse mich schon noch gedulden.

Soso. Ich krame in meiner Manteltasche zwecks Zigarettenentdeckung.

Da knackt schon der Lautsprecher in meinem Tisch. »Welche Marke rauchen Sie?« knarrt es in miesem Transistorsound.

»Dunhill Menthol New York«, antworte ich völlig selbstbewußt, denn ich weiß ja, ich habe Geschmack.

»Sie haben Geschmack!« knarrt's aus dem Tisch. »Frau Schröder wird Ihnen gleich welche bringen.« Frau Schröder ist aber gerade mit dem Abwimmeln eines Paares beschäftigt. »Zu zweit kommt hier keiner herein!« Frau Schröder ist sehr energisch. Beleidigt ziehen die beiden ab. »So was kommt manchmal vor. Voyeure kommen immer zu zweit. Fahren Sie bitte umgehend mit Ihren hoffentlich teils amüsanten, teils nachdenklich machenden Gesprächen fort«, ruft Frau Schröder lachend und ganz schön entschuldigend. Dann bringt sie mir Zigaretten. »Dunhill Menthol New York«, liest sie verträumt von der Packung ab, »es scheint, Sie haben Geschmack!«

Da leuchtet ein rotes Signal auf. Sie geht in Richtung einer Tür und öffnet sie nur so weit, daß sie eben durchschlüpfen kann, und schließt sie sofort wieder hinter sich zu. Es soll wohl keiner hineingucken da.

Die beiden Unglücksseelen vom Nebentisch haben inzwischen ein anderes Thema bekommen. Sie reden französisch. Ich bekomme nicht viel mit, außer daß ihnen das schwerfällt. »Ihr Französisch ist ja grauenhaft!« brüllt es aus ihrem Tischlautsprecher. Im Hintergrund hört man Frau Schröder lachen. Wie schön ihre Stimme ist, trotz dem Hohn in ihrem Lachen und trotz den schlechten Lautsprechern. »Rauchen Sie jetzt Zigaretten! Der Herr am Nebentisch hat Dunhill Menthol New York. Das ist eine ausgezeichnete Marke. Greifen Sie zu und genießen Sie!« kommt es aus dem Tisch gedröhnt.

Der Student wendet sich um zu mir. Seine Augen sind voll von Blutergüssen, und zittern tut er auch ganz erheblich. Er und die ältere Buchhändlerin rauchen und husten sich nun etwas vor. Ihr Französisch war schon schlecht. Aber rauchen können sie gar nicht. »Inhalieren Sie tiefer!« tönt der Tisch.

Warum werden die beiden so schikaniert? Zu mir ist man hier doch ganz freundlich. Frau Schröder scheint mich sogar zu mögen, und die anderen Leute scheinen sich auch gut zu unterhalten. Allerdings wird manchmal angeordnet, Gesprächspartner zu wechseln. Dann hört man aus irgendeiner Ecke: »Der Herr von Tisch Nr. 4 begibt sich jetzt zu dem Herrn von Tisch Nr. 8. Die Dame von Tisch Nr. 8 geht zu der Dame von Tisch Nr. 4. Das Gesprächsthema werden Sie gleich bekommen.«

An allen Tischen sitzen jetzt jeweils zwei Personen, nur ich sitz noch alleine da. Wer wird mein Gesprächspartner sein? Und wo nur die gute Frau Schröder bleibt? Doch da kommt sie schon. Sie baut sich auf, wie um etwas zu verkünden, was für alle bedeutsam ist. Und sie verkündet: »Sehr geehrte Damen und Herren! Winfried Härtl wird uns jetzt die Freude bereiten, ein neues Gedicht vorzutragen. Passen Sie auf wie Luchse. Konzentrieren Sie sich!«

Der Angekündigte tritt aus der Tür, durch die Frau Schröder vorhin entschwunden war, nimmt linkisch den klappernden Beifall entgegen und beginnt mit der Rezitation eines altmodischen, langweiligen Werkes, in dem die Stile verquer purzeln. Die zahlreichen grammatischen Fehler kann man kaum wahrnehmen, weil dieser Herr Härtl sich dauernd verliest. Sein Gebiß sitzt auch nicht ganz fest. Es ist nicht zum Aushalten. Alle hören angestrengt zu. Einem Herrn, der sich heimlich unter dem Tisch in seiner Handfläche etwas notiert, wird von Frau Schröder der Stift weggenommen. Es dauert dann noch lange, bis Herr Härtl fertig ist. Danach wird das Ganze noch schriftlich verteilt. Per Lautsprecher wird jedem Tisch ein Abschnitt zugeteilt, über den reflektiert werden soll.

Ich hab das Ende bekommen. Die letzte Zeile nimmt sich heraus, kitschig wie folgt zu lauten:

»Die Sprache ist tot
Nur einzelne Silben leben und feiern.«

Frau Schröder setzt sich an meinen Tisch und sagt: »Sie finden dieses Gedicht wohl nicht gut.«

Ich verneine, aber höflich.

»Kommen Sie doch morgen um vier noch einmal. Da haben wir noch geschlossen. Ich könnte Ihnen manches erzählen.« Ich sage dankend zu, worauf sie sich erhebt, in die Hände klatscht und ruft: »Meine Damen und Herren! Wir schließen jetzt. Kommt Ihnen das früh vor? Sie wissen doch: Wir schließen, wann wir wollen. Gehen Sie jetzt und trödeln Sie nicht. Gehen Sie direkt nach Haus.« Sie stellt sich an die Tür und gibt jedem zum Abschied die Hand. Unter den Heimeilenden wird kein Wort mehr gewechselt. Zwei Leute fehlen: der dumme Student und die Buchhändlerin. Diese Gescheiterten behält man noch hier. Froh verlasse ich einen Ort, wo Schleichis und Weichis es schwer haben. Morgen um vier werde ich mir das Vergnügen bereiten, eine Dame vergebens warten zu lassen. Ich folge auch nicht ihrem Rat, auf direktem Wege heimzugehen, denn ein, zwei Straßen weiter kenne ich noch eine Kellerbar. Da geh ich hin.

Hier verkehren Aus-der-Mode-Gekommene, Entkräftete und führende Köpfe des Alkoholismus. Ein Herr beklagt sich bei einer Händlerin bitter über den Preis eines Tellers. Auch hier sind Leute, die alles umsonst haben wollen, keine Ausnahme. Der Herr trägt einen Frauennamen, das ist so Brauch hier, sich lustig gemeinte Namen zu geben und darauf zu bestehen, daß andere lebenslang lachen darüber. Manche Leute heißen auch »Wenngleich« oder »Beinahe«. Die nennt man Wörterleute, und ihr Ansehen ist ziemlich gesunken seit neulich. Insbesondere scheint es, daß das Schielen nach und Tanzen mit und Achtung haben vor den Wörterdamen »Leider« und »Schade« – Lady Leider, recht bejahrt schon, Schwester Schade, drastisch geschminkt – grad, mag man sagen, aus der Mode zu kommen droht oder so.

Ich müßte jetzt, so zwänge mich mein Gefühl, wenn es mich beherrschte, mit Lady Leider langsamtanzen, doch sie unterhält sich offenbar ganz mittelprächtig mit der Verkäuferin von Deutschlandsouvenirs. Einen Teller scheint sie aber auch nicht kaufen zu wollen. Wo genau liegt eigentlich das Hambacher Schloß? Bei Rüdesheim? – Später setzt sie sich an meinen Tisch, da bin ich ganz sicher, weil ich ein wenig schön bin und bedauerlich. Ich werde hier warten und mich umsehen. Nichts als alte Schachteln hier, die Damen alte Bonbonnieren und die Herren alte Bierkästen, und ich da mitten drin. Doch passe ich nicht schlecht hierher, sagt mir mein Gefühl, das mich nicht beherrscht, aber mich gut kleidet und mich wärmt. Man heizt hier nicht gut. Man soll ja tanzen miteinander. Schwester Schade hinter der Sektbar kratzt sich wenig damenhaft am Rücken. Schnellrechner würden jetzt vermuten, daß Leider und Schade lesbische Frauen sind, die gern mal einen trinken vorher, vor dem Miteinander-Schlafen, weils ohne das nicht klappen würde. Komisch, was Kopfrechner alles vermuten. Jetzt wird die Musik erheblich schneller, was die Anzahl der Tanzenden weiter verringert, und die der Trinkenden erhöht. Mein Entschluß, jetzt zu gehen, ist ein schöner Entschluß. Die dachten wohl, ich sitz hier ewig rum.

Der unbekannte Geruch

Im Alter von zwölf Jahren pflegte ich meine Freizeit häufig damit zu verbringen, durch die nahen Waldgebiete zu streifen, dort allerlei Pflanzen, insbesondere Pilze, einzusammeln, um diese dann zu Hause anhand von Bestimmungsschlüsseln zu identifizieren. In einem Buch war als Geruchsbezeichnung für einen gewissen Pilz das Wort »spermatisch« angegeben, worunter ich mir gar nichts vorstellen konnte. Ich fragte meine Mutter.

So wie folgt, so ähnlich oder ganz anders spielte sich das ab:

– Mutti, hier in dem Pilzbuch steht, dieser Pilz würde spermatisch riechen.

– Spermatisch? Was ist denn spermatisch? Ich kenne nur sympathisch! *Lacht.*

– Also, du weißt das auch nicht. Riech doch bitte mal dran.

– Igitt, der ist ja schon ganz verfault! Was du uns hier immer anschleppst!

– Riech doch trotzdem mal dran. Der Pilz ist halt schon alt.

– *schnuppert* Ich finde, der riecht einfach nach Erde und Wald, nach Pilz eben.

– Und das ist spermatisch?

– Nein, das ist sicher ein Druckfehler in deinem Pilzbuch. Das muß sympathisch heißen. Der Pilz riecht einfach wie ein sympathischer Waldpilz. *Lacht stockend.* Geh doch zu deinem Vater. Vielleicht weiß der, was spermatisch sein soll.

– Papa, riech doch mal an diesem Pilz. In meinem Pilzbuch steht, der riecht spermatisch.

– Spermatisch? Wo hast du denn das Wort her?

– Ich sagte doch, aus dem Pilzbuch.

– Na, zeig mal her. Pfui Deibel, an dem Ding soll ich auch noch riechen?

– Das ist halt ein älterer Fruchtkörper. Riechen tut er noch gut.

– Dann komm mal her mit deinem *spricht gespreizt* älteren Fruchtkörper. *Riecht.* Der riecht ganz normal, irgendwie würzig. Nach Pilz. Aber spermatisch? Nee. Wie findest du denn, daß er riecht?

– Schon ein bißchen komisch. So muffig. Ich will ja auch nur wissen, was spermatisch ist.

– Das ist halt ein ganz bestimmter Geruch. Wie soll ich dir das erklären. Schreib doch an den Verfasser von dem Pilzbuch.

– Der ist tot.

– Tot? Wahrscheinlich eine Pilzvergiftung. *Lacht schäbig.* Woher weißt du denn, daß er tot ist?

– Weil hinter seinem Namen auf der ersten Seite so ein Kreuz ist.

– Der Herr gibt's den Seinen im Schlaf. *Ärgert sich über die deplazierte Redensart, brüllt unwirsch* Hau jetzt ab mit deinem spermatischen Pilzungetüm. Frag doch deine Biolehrerin. *Wieder ruhig* Habt ihr eigentlich noch das Fräulein Hecht?

– Frau Hecht. Die ist verheiratet.

– Was? Mit den Pferdezähnen und den fettigen Haaren?

– Ja, die läuft manchmal ganz schön schlampig rum. Manchmal stinkt sie auch ein bißchen nach Schweiß. Und ihr Mann ist Ausländer. Marokkaner oder so was.

– Das sieht ihr ähnlich. Also frag die wegen dem Pilz.

– Bis zur nächsten Bio-Stunde ist der Pilz aber ganz verfault.

– Dann frier ihn solange ein. Im Fach ist noch Platz. Aber wickel Folie drum, sonst dreht Mutti durch.

– O. K. Mach ich. *Geht weg.*

– Komm doch noch mal her. Ich will dir mal was von Mann zu Mann sagen. Du wirst ja bald erwachsen. Frauen, die mit solchen Arabern gehen oder verheiratet sind, die interessiert nur das eine.

– Du meinst, Sex oder so.

– Wir verstehen uns schon.

– Frau Hecht, können Sie mir sagen, wie der Pilz hier riecht? In meinem Pilzbuch habe ich gelesen, der riecht spermatisch.

– Röche.

– Was?

– Röche. . . . der röche spermatisch. Konjunktiv.

– Ach so. Ich habe zuerst »röcheln« verstanden.

– Na, was ist denn los mit deinem Pilz? Zeig mal her. *Ironisch* Na, das ist ja ein wahres Waldjuwel! Ein Prachtstück! Aber wieso ist der denn so kalt? Der Pilz ist ja eiskalt!

– Ich habe ihn erst heute früh aus dem Tiefkühlfach geholt.

– Ach so, aus dem Tiefkühlfach. Da gehören Pilze ja auch hin. Und wie soll der riechen? Spermatisch? *Riecht.* Ja, mein Gott. Ein bißchen vielleicht. Aber eigentlich riecht er ganz normal nach Pilz.

– *altklug* Pilze riechen aber alle anders. Manche riechen sogar nach Gurkensalat oder alten Küchenlappen.

– Wo hast du denn das her?

– Aus dem Pilzbuch. Aber was ist denn nun spermatisch?

– Spermatisch kommt von Sperma. Das ist der männliche Samen. Der wird zur Fortpflanzung gebraucht. Das haben wir doch durchgenommen. Auch der menschliche Samen heißt Sperma. Du kommst ja auch bald in die Pubertät. Dann wird es auch bei dir soweit sein. Wie alt bist du denn jetzt?

– Zwölfeinhalb.

– Dann kann es nicht mehr lange dauern. *Eifrig* Du wirst eines Nachts aufwachen und denken, nanu, hier ist ja alles ganz naß ... *Erinnert sich plötzlich, daß sie als Lehrerin zu einem Schüler spricht und zögert* ... Du hast mich schon verstanden.

– *angewidert* Und das riecht? Wie riecht das denn? So wie der Pilz?

– Nein, so wie der Pilz ganz bestimmt nicht. Man kann das schlecht beschreiben, wie das riecht. So ein bißchen dumpf, erdig, mehlig, nicht besonders angenehm eigentlich. Menschliche Ausscheidungen riechen ja meistens nicht so schön. Kot oder Urin zum Beispiel ...

– Oder Schweiß!

– Ja, Schweiß auch. Hör mal, irgendwas gefällt mir heute an deinem Gesichtsausdruck nicht. Wir verstehen uns?

– Ich weiß nicht, was Sie meinen.

– Du weißt genau, was ich meine. Zurück zu deinem Pilz und dem spermatischen Geruch. Es ist ja kein besonders intensiver Geruch. Du brauchst dir da keine Gedanken zu machen. Es ist nicht so, daß man sagen würde, um Himmels willen, das stinkt ja bestialisch ... Es riecht eher mild.

– Ja, wie denn?

– Ja, wie gesagt: ein bißchen dumpf und muffig. Ein bißchen wie ein ungelüftetes Zimmer. Wie so ein muffiger Schlafsaal in einer Jugendherberge, vielleicht etwas gewächshausartig ...

– Ach so. Woher wissen Sie eigentlich, wie das riecht.

– Als Biologin weiß man das zwangsläufig. *Lacht.* Wozu, glaubst du, studiert man jahrelang? Außerdem wissen alle Erwachsenen, wie das riecht.

– Meine Eltern wissen das aber nicht.

– Das glaube ich nicht, daß die das nicht wissen. Du hast sie vielleicht nicht richtig gefragt.

– Doch, habe ich. Und sie wußten es nicht. Warum sollten die mich anlügen? Außerdem sind meine Eltern Deutsche.

– Was soll denn das nun wieder? Warum sollten Deutsche nicht wissen, wie so was riecht?

– Aber es stimmt doch, daß Sie mit einem Araber verheiratet sind, oder?

– Was du alles wissen willst! Hör mal gut zu! Mein Mann

ist nicht Araber, sondern Perser. Er stammt aus dem Iran. Und jetzt lebt er hier, weil man ihn in seiner Heimat nicht gut behandelt hat.

– Entschuldigung. Das hab ich nicht gewußt. Sind Perser denn anders als Araber?

– Äußerlich nicht sehr viel anders. Aber sie haben eine ganz andere Kultur und Sprache und so weiter. Sag mal, was ist das eigentlich für ein Pilzbuch, was du da hast?

– 750 Pilze in Wald und Flur.

– Und da steht wirklich das Wort spermatisch drin?

– Ja.

– Das könnte man aber auch verständlicher ausdrücken. Welcher Pilzsucher hat denn schon ständig den Geruch von Sperma in der Nase? Das hat man doch nicht immer parat. Man hätte doch auch schreiben können, riecht nach Erde oder faulendem Moos. Ja genau, leicht faulendes Moos. Das ist so ein süßlicher, abgestandener Geruch.

– So riecht der Pilz auch. Vielen Dank dann, Frau Hecht, und auf Wiedersehen. Wieso haben Sie eigentlich einen deutschen Namen? Heißen Sie nicht so wie Ihr Mann?

– *lacht* Den Zungenbrecher könnte ich meinen Schülern nicht zumuten. Tschüß!

– Papa, die Frau Hecht ist gar nicht mit einem Araber verheiratet, sondern mit einem Perser.

– Was soll da der Unterschied sein?

– Die Perser haben eine andere Kultur.

– Das ist ja allerhand. Und was hat sie zu dem Pilz gesagt?

– Daß der nur ganz wenig spermatisch riecht. Und spermatisch kommt von Sperma, und das riecht, sagt sie, wie in einer Jugendherberge, wo nicht gelüftet wird.

– *schlägt die Hände über dem Kopf zusammen und brüllt* Araber!

– Nein, Papa! Perser!

Eines Morgens
ich wollte gerade duschen
kam ein Telegramm.
Handtuch um die Lenden
las ich wie im Fieber.

»Komm bitte heute um drei
ins Buschwindrosenwäldchen.
Wir passen zueinander.
Herzlichst, die Liebe«

Ich hatte mich gesehnt
und wirklich sehr
und dachte, nichts wie hin.

Im Wäldchen aber war
von Buschwindrosen keine Spur.
Es lagen nur Kondome im Laub
und benutztes Toilettenpapier.

Die Liebe war auch nicht zur Stelle
und auf der benachbarten Mülldeponie
buhte ein bissiger Wind.

Ungeduscht, geduzt und ausgebuht
fuhr ich in einer überfüllten U-Bahn
weh nach Hause.

Ein Eimer Erbsen mittelfein

Ein Eimer Erbsen mittelfein
steht mahnend auf der Autobahn.

»Woran gemahnt er? Wovor warnt er?«

Vor dem Atomtod.

»Ach so.«

Ein Stapel alter Kinderschuh
liegt mahnend auf dem Flugplatz.

»Woran gemahnt er? Wovor warnt er?«

Vor dem Atomtod.

»Ach so, freilich.«

Ein Wochenende in Bad Blut
Extended Remix

– Zeigse mir noch einmal, die Bilder von dem Wochenende in Bad Blut, zeigse mir noch einmal . . .

– Hier siehst du uns beim Wintersport. Rechts bin ich, links Frau Fisch.

– Und was ist das für eine Statue zwischen euch?

– Das ist Nora Moritz, die bekannte Chansonette. Sie erstarrt doch zweimal jährlich für drei Tage zu einer Salzsäule.

– Ach ja, davon hab ich gelesen.

– Und hier sitzen wir im kleinen Künstlercafé. Rechts bin ich, links Frau Fisch.

– Und wer ist die heitere Runde dort, mit den kuriosen Eisenmasken auf?

– Das ist Professor Nicoletti, seine schielende Gemahlin und sein äußerst schwer erziehbarer schwuler Schwager aus der Schweiz.

– Das sind nette Leute, scheint mir.

– Ja, alles Metaphysiker, das ist ein angenehmes Völkchen.

– In der Tat: Das ist ein wunderbarer Menschenschlag.

– Und hier sitzen wir beim Canastaspiel. Rechts bin ich, links Frau Fisch.

– Und wer ist die Dame in dem grotesken Cocktailkleid?

– Das ist Hilde Pfeil, die Frau des bekannten Verhaltensforschers.

– Sie sieht sehr müde aus.

– Ja, sie ist Existentialistin.

– Woher solche Leute nur das Geld nehmen für Bad Blut!

– Die sind vom Stamme Nimm. Und ansonsten Protektion, Vitamin B, wenig Schlaf, viel Dekolleté, ein Konto hier, ein Küßchen dort, zur rechten Zeit am rechten Ort und grad mal so genug Talent zum Wintersport.

– Jaja, die sind vom Stamme Nimm. Doch wer steht denn dort neben dem Canastatisch?

– Ein alter Bettler nur. Er bot uns seine Seele an für einen Viertelliter Gnade.

– Einen Viertelliter gleich? Na, das ist ja ziemlich ausverschämt?

– Ausverschämt ist gar kein Ausdruck.

– Und gabst du ihm die Gnade?

– Ich bin doch kein Reformteufel. Ich schickte ihn zu Gnaden-Köhler, ist doch direkt Hauptbahnhof!

– Nein, du bist kein Reformteufel. Ach, segne mich jetzt!

– Aber gern, sofort: Benedicat vos, Omnipotens Deus, Pater et Filius et Spiritus Sanctus!

– Amen! Amen! Doch was sind das für Damen, dort auf dem Bilde?

– Das sind nur drei Busenwunder mit ihren zahmen Äffchen.

– Schön ist's in Bad Blut!

– Das ist ein herrlicher Ort, wir fahren dort jedes Jahr hin.

Tante Rahmbein

– Komm, mein Kind, setz dich auf mein Knie. Ich erzähle dir, warum Tante Rahmbein nicht mehr lebt. Ich erzähle alles, vom Anfang bis zum Ende:

Dies mein Bett, dieser große unerforschte Fleck am Himmelszelt, das war Tante Rahmbeins Welt. Dort der Krug, in dem der Wein wohnt, mit dem Weiber ihr Gewissen waschen, davon wollt Tante Rahmbein naschen. Ich ließ es nicht zu. Es gab ein kurzes Wortgefecht. Ich nahm ihr ihr Notizbuch wech. Das ertrugse nich, und sie erstickte sich in einem Napfkuchen.

– In einem Napfkuchen? Wie eigenartig!

– Ja, das war Tante Rahmbein. Eine ungewöhnliche Frau.

»Tante Rahmbein, wild wie Milch und zobelsüß.«

Monolog des morganatischen Maurers

Hier ist meine Familie:
Tante, eine Lyrikerin.
Schwester. Sie ist Mystikerin.
Und dort Mutter. Sie ist Sopranistin.
Und schließlich Vater: Er ist Dramatiker.

Ich bin Maurer. Ich arbeite auf einer Baustelle. Ich muß sagen, ich liebe meine Arbeit. Stein um Stein zusammenzufügen, zu betrachten, wie durch meiner Hände formendes Wirken allmählich eine Heimstatt heranwächst; eine Heimstatt für ein junges Glück vielleicht, welches sich im Stadtpark beim Füttern der Schwäne traf, nur scheinbar zufällig; denn alles ist Fügung, es gibt keinen Zufall. Vielleicht aber auch für Großmama und Großpapa, die sich nach entbehrungsreichem Leben eine letzte, sonnige Bleibe zu finden anschicken. Oftmals harre ich, mit meiner Maurerkelle in der Hand, minutenlang aus, ins Weite schauend; und der Kreislauf des Lebens wickelt sich vor mir ab: Geburt, Heirat, Tod – Geburt, Heirat, Tod – all dies wird sich immer wieder von neuem in dem durch dies mein Schaffen und Tun entstehenden Hause ereignen.

Nur eines bereitet mir, bisweilen zumindest, doch Sorgen. Leider finde ich nicht leicht Anschluß an meine Kollegen. Nicht, daß man mich schneidet, nein, das nicht, doch beschränkt man die Konversation mit mir auf das Unterbreiten von zur Verrichtung der Arbeit notwendigsten Informationen. Gern, ja sehr gern gar, würde ich mit den anderen Arbeitern in der Pause im Baustellenwagen plaudernd einen trockenen Martini einnehmen. Aber wenn ich komme, sitzen sie schon alle da und trinken Bier, und keiner bietet mir einen Sitzplatz an, so daß ich allein, neben ihnen stehend und schweigend meinen Martini trinken muß.

Neulich fügte man mir eine kleine, ja sicher nur scherzhaft gemeinte Boshaftigkeit zu: Einer der Arbeiter versteckte meine Kühltasche, in der ich das Eis für meinen Martini aufzubewahren pflege; und so mußte ich auf meinen Pausendrink verzichten.

Die anderen tranken ihr Bier, als ob nichts geschehen wäre.

Unlängst wurde mir doch alles ein wenig schwer, und ich suchte Trost bei einem älteren Kollegen; fing ihn auf dem Heimweg ab, nahm ihn bei den Händen und sprach über mich und meine Familie. Ich habe, glaube ich, auch ein wenig geweint. Doch er starrte mich nur unverwandt an und lief fort.

Dennoch möchte ich mich nicht beklagen. Ich habe ja meine Familie:

Tante, eine Lyrikern.

Schwester. Sie ist Mystikerin.

Und dort Mutter. Sie ist Sopranistin.

Und schließlich Vater. Er ist Dramatiker. Er schreibt gerade ein Drama.

Ich bin Maurer. Ich arbeite auf einer Baustelle . . .

Die symbolische Nachbarin

F *Eine Frau*
M *Ein Mann*
Z *Anja Zander*
C *Chor der germanischen Brüder und Schwestern*

F Tag, Frau Zander! Sie haben aber eine schöne Handtasche!

Z Danke, finden Sie? Die Handtasche ist aber nur ein Symbol für die Misere der Schulmedizin.

F Ach so, na ja, ist mir schon klar, Frau Zander, machen Sie's gut.

M Also, diese Frau Zander mit ihren Symbolen ewig!

F Ja, schrecklich. Letztes Jahr Pfingsten – ich hab Besuch zum Kaffee erwartet und wollt noch schnell die Flaschen zum Container bringen, damit der Besuch die nicht so sieht – da stand die auf dem Parkplatz hinter dem Haus und pflanzte eine Esche, direkt neben dem Wagen von meinem Mann; und ich sagte ganz freundlich: »Ne schöne Esche pflanzen Sie aber hier.« Und da sagte die doch glatt: »Die Esche bedeutet mir gar nichts. Die ist nur ein Symbol für das Zärtlichkeitsdefizit im Videozeitalter.« Und da dachte ich: »Na, hör doch uff«, dachte ich, hab grad noch freundlich genickt und bin wieder hochgegangen. Also, die ist doch nicht von dieser Welt! Stellense sich mal vor, das Netz Apfelsinen hier in meiner Tasche, wenn ich da sagen würde: Das ist ein Symbol für das Wettrüsten oder den Nord-Süd-Konflikt, wie käm ich mir denn da vor?

M Ja furchtbar, dieses Symbolgetue.

F Aber ihr Mann ist ganz nett. Hat mir neulich den Boiler repariert und die Dübel für das neue Gewürzbord angemacht.

M Aber was die Zander zu mir neulich über ihren Mann sagte, das war mal wieder ganz typisch: »Mein Mann ist nur ein Symbol für die Stahlkrise im Saarland.«

F Also, die Frau ist ja wirklich abartig!

C Anja, sie fällen deine Esche!

Z Nehmt mir doch nicht alles weg! Laßt mir meine Symbole!

C Anja, sie fällen deine Esche!

Z ... und die Saar ist wieder deutsch?

Rentnerzirkus Rudi Kipp

– Da kommt Direktor Rudi Kipp mit seinen drei völlig tabulosen Verlobtinnen!
– Das heißt aber nicht Verlobtinnen!
– Es heißt auch nicht Verlobtinnen. Eine davon, Fußbadtrinkerin par excellence, wohnt direkt gegenüber von, wie heißt die schmale Gotiknische, so schmal, so schmal, wie heißtse noch ...
– St. Püsterich, so heißtse nich.
– Nee, so heißtse nicht. Direktor Rudi Kipp ist der Direktor vom Rentnerzirkus Rudi Kipp, und das ist gut so.
– Ja, das ist gut so. Doch was wird da geboten?
– Zwei dressierte Rentner. Der eine war Richter beim Amtsgericht und hat seine Sache recht gut gemacht. Der andere war Aalverkäufer auf verschiedenen Wochenmärkten und war als solcher nicht ganz unumstritten. Jetzt heißen sie Trixi und Topsi und jonglieren mit speziell für sie angefertigten Riesensardinen.
– Mit Sardinen jonglieren? Wie dämlich!
– Furchtbar dämlich. Kommt aber gut an.
– Nun gut. Und was steht sonst auf dem Programm?
– Direktor Rudi Kipp mit seiner Direktorennummer, assistiert von einem älteren Kätzchen.
– Was macht das Kätzchen? Und wie ist sein Name?
– Es sitzt nur da und assistiert. Einen Namen hat es nicht.
– Kommt auch das gut an?
– Nicht besonders. Aber Rudi Kipp ist ja Direktor ...
– ... vom Rentnerzirkurs Rudi Kipp, und das ist gut so.

MJbM *Mit Juwelen behangene Mediendame*
AdMrD *Aus dem Munde riechende Dichterin*

MJbM *monoton* Ich habe heute eine von diesen Arbeiterdichterinnen zu Gast. Sie haben vielleicht von denen gehört. Die erste Frage, die ich unserem Gast stellen möchte, lautet: Wieviel verdienen Sie eigentlich pro Tag?

AdMrD *bescheiden* Zwei Mark.

MJbM *pikiert* Und davon wollen Sie leben können?

AdMrD *leise* Mehr schlecht als recht.

MJbM *unfreundlich* Sie sind Arbeiterdichterin.

AdMrD *wie sich in alles fügend* Ja.

MJbM *brüsk* Wer sind Ihre Vorbilder?

AdMrD *sich ermannend* Stefan George und Maurice Maeterlinck.

MJbM *pikiert* Ich glaube ja wohl kaum, daß unser Publikum mit solchen Namen etwas anfangen kann. Damit man sich eine Vorstellung machen kann: Mehr wie Goethe oder mehr wie Schiller?

AdMrD *verzweifelt* Der eine mehr wie Goethe, der andere mehr wie Schiller.

MJbM *pikiert* Das ist ja wohl eine reichlich unpräzise Antwort, doch ich will Ihnen entgegenkommen: Lange oder kurze Gedichte?

AdMrD *tapfer* So mittel.

MJbM *ungeduldig, brüsk* Lustige oder traurige Gedichte?

AdMrD *sehr tapfer* Eher traurige.

MJbM *pikiert* Das ist ja mächtig schade. Peter Alexander hat mir mal gesagt – *eitel* Sie wissen vielleicht, daß ich mit Peter Alexander per du bin – Peter Alexander also war es, der mir einmal gesagt hat: Es ist viel schwerer, einen Menschen zum Lachen zu bringen als zum Weinen.

AdMrD *mutig* Das hat er gesagt? Man sieht doch aber in den Fernsehshows viel mehr lachende als weinende Menschen. Es scheint ja doch nicht so schwierig zu sein, jemanden ...

MJbM *brüsk* Ist es wohl! Wohnen Sie in einem Arbeiterviertel?

AdMrD *kleinlaut* Ja.

MJbM *leutselig* Jeden Tag Kartoffeln und Steckrüben, was?

AdMrD *erstickt* So ungefähr.

MJbM *herrschsüchtig* Im Arbeiterviertel ist oft Kirmes. Wie beeinflußt das Ihre Arbeit?

AdMrD *normal* Ja, dann ist es oft laut, und die Jugendlichen kommen spät nach Haus.

MJbM *pikiert* Das habe ich mir schon selber gedacht. Kirmes ohne Musik wäre ja wohl auch kaum eine echte Kirmes, oder sind Sie etwa anderer Meinung? Lieben Sie Musik?

AdMrD *begeistert* O ja, über alles! Musik, Tanz, Malerei, Theater, Ballett, Bildhauerei ...

MJbM *pikiert* Nach Musik habe ich Sie gefragt! Lieben Sie schnelle oder langsame Musik?

AdMrD *nicht mehr begeistert* Eher langsame.

MJbM *sich anbiedernd* Schmuse-Stil wird ja bei uns auch viel verlangt. Hören Sie auch Oldies?

AdMrD *sich fügend* Ja, Oldies auch gerne.

MJbM *laut* Oldies werden am meisten verlangt. Auch von jungen Leuten. Wer clever ist und Köpfchen hat, der hört sich Oldies an.

AdMrD *endlich Konsens witternd* Auf der Kirmes laufen auch viele Oldies!

MJbM *übermütig* Im Arbeiterviertel können sie sich vielleicht auch keine neuen Platten leisten, nicht wahr? *Prustend* Haha, im Arbeiterviertel, immer nur Blümchenkaffee, wie nach dem Zusammenbruch ...

AdMrD *recht forsch* Darf ich Sie auch mal was fragen?

MJbM *pikiert* Wenn Sie meinen, daß das jetzt sein muß, bitte schön, was wollen Sie wissen?

AdMrD *noch forscher* Wieviel verdienen Sie eigentlich pro Tag?

MJbM *ganz arglos* Tausend Mark plus Spesen. *Pikiert* Aber machen Sie sich bloß keine falschen Vorstellungen. Von dem Geld nimmt mir mindestens zehn, wenn nicht fünfzehn, ach was, zwanzig Prozent der Fiskus wieder weg. Dazu kommt noch die Autoversicherung, Strom, Friseur, Internat, Wasser und der Hund. Was bleibt mir da schon groß?

AdMrD *beleidigt* Etwa auch nur zwei Mark?

MJbM *brüsk* I wo, was denken Sie, mindestens fünfhundert.

AdMrD *ausnahmsweise auch mal pikiert* Verglichen mit zwei Mark eine ganze Menge!

MJbM *extrem pikiert* Na hören Sie einmal! Wir beide gehören doch auch zwei völlig unterschiedlichen sozialen Schichten an!

AdMrD *erschrocken* Oh, entschuldigen Sie bitte! Das habe ich ganz vergessen. Es tut mir so leid. Ich hatte wohl einen Moment einen Blackout. Sie haben natürlich ganz andere Kosten als ich!

MJbM *laut* Haus, Hund, Wagen, Boot! Das will alles unterhalten werden und gepflegt! Was haben Sie denn schon groß an Ausgaben? Das bißchen Kirmes-Eintritt kann ja nicht die Welt sein!

AdMrD *greinend* Bei unserer Kirmes ist der Eintritt frei!

MJbM *triumphierend* Na, sehen Sie! *Versöhnlich* Aber, Schwamm drüber. Ein jeder hat mal seine dunklen fünf Minuten. Sie haben sich ja entschuldigt. Haben Sie eigentlich einen Lieblings-Oldie?

AdMrD *tränenerstickt* Ja, von dieser einen Gruppe, wo sie dann zum Schluß alle hu-hu singen. Ach, verdammt, mir fällt der Titel nicht ein. Ach, es tut mir so leid. Ich wollte Sie doch nicht beleidigen.

MJbM *fast mütterlich* Das macht doch nichts. Das ist die Anspannung. Ich spiele halt einen anderen Oldie. Schönen Dank fürs Kommen, Frau äh, Frau äh . . .

AdMrD *kraftlos* Winkler. Winkler, Doris Winkler. Ach, es tut mir alles so leid.

Straßenbefragung

INTERVIEWER Entschuldigung, darf ich Sie etwas fragen? Was halten Sie von Homosexualität?

EIN ÄLTERER HERR *leise und bedächtig* Ja, ja . . . das gibt es.

INTERVIEWER Und wie denken Sie darüber?

DER ÄLTERE HERR Ja, das gibt es. *Sehr nachdenklich* Da hab ich mal, das war nach dem Krieg, und da gab es in der Bundesallee – die damals allerdings noch Kaiserallee hieß – ein kleines Café, da sind ich und meine Frau, die ist 63 gestorben, wir sind da manchmal sonntagnachmittags hingegangen. Nein: 65 ist meine Frau gestorben, entschuldigen Sie bitte vielmals, 65, und in diesem kleinen Café hat ein junger Mann gekellnert, immer höflich, vielleicht war's ein Student oder so was, aber die Art, wie der geredet hat, ja ich glaube, der war so.

INTERVIEWER Und wie fanden Sie das?

DER ÄLTERE HERR Ach nunja, wissense, man hat sich schon seinen Teil gedacht dabei. Ich hab das aber nicht weiter verfolgt. Meine Frau ist tot, ich habe meinen Garten, da geh ich gerne hin, nicht wahr, und da gibt es so was nicht, und ich vermisse das auch nicht in meinem Garten.

INTERVIEWER Vielen Dank. *Zu einer Frau in mittlerem Alter* Was halten Sie von Homosexualität?

DIE FRAU *aufgeweckt* Homosexualität? Find ich gut so was!

INTERVIEWER So eine unbefangene Einstellung dazu haben nur wenige Leute . . .

DIE FRAU Ach wissense, der Sommer hat schöne Tage, und

der Winter hat auch schöne Tage. Ich finde das richtig, was die Leute machen, die Homosexuellen. Im Sommer blühen die Blumen, und im Winter wird gerodelt. Ich sehe da, ehrlich gesagt, keine Probleme.

INTERVIEWER *erfreut* Vielen Dank, vielen herzlichen Dank, meine Dame. *Zu einer sehr alten Dame* Was halten Sie von Homosexualität?

DIE DAME *langsam und sehr prononciert* Ich bin eine Frau von 83 Jahren, die fragt man so was nicht. Ich habe zwei Kriege miterlebt, den ersten und den zweiten, und ich habe in meinem ganzen Leben noch keine Zigarette geraucht.

INTERVIEWER Wissen Sie, daß im Dritten Reich auch Homosexuelle in KZs ermordet worden sind?

DIE DAME Ich bin 83 Jahre alt, und da wird man so etwas gefragt von so jungen Leuten. Sie haben doch noch keinen Krieg miterlebt!

EIN ANDERER INTERVIEWER *drängt sich an die Dame und fragt sie* Für wie wahrscheinlich halten Sie einen nuklearen Schlagabtausch in Europa?

DIE DAME Hören Sie mal. Ich bin 83 Jahre alt, da fragt man so etwas nicht. Ich habe zwei Kriege ...

DER 1. INTERVIEWER *zum anderen* Sag mal, kannste nicht auf die andere Straßenseite gehen? So werden die Leute doch überfordert.

DER 2. INTERVIEWER Geht nicht, da ist alles voll. Heute ist Großkampftag.

Plötzlich springen aus allen Richtungen rudelweise Interviewer der alten Dame entgegen.
– Wie beurteilen Sie die Situation in der EG?

– Was sagen Sie zu den gestrigen Äußerungen des CSU-Generalsekretärs?
– Rauchen Sie, und, falls ja, lesen Sie den ›Stern‹ und/oder den ›Spiegel‹?
– Welche Meinung haben Sie zur Quellensteuer?

DIE ALTE DAME *flüchtend* Ich bin eine Frau von 83 Jahren, ich habe zwei Kriege miterlebt ...

Die Interviewer, bis auf den ersten, laufen der davonhastenden Greisin nach.

INTERVIEWER *zu einem jungen Mann* Was halten Sie von Homosexualität?

DER JUNGE MANN *hastig, stockend* Homosexualität? Das sind die Schwulen.

INTERVIEWER Ja, und was halten Sie davon?

DER JUNGE MANN Was soll ich groß davon halten? Nix halt ich davon. Warum fragste überhaupt?

INTERVIEWER Wir machen eine Meinungsumfrage.

DER JUNGE MANN *erstaunt, viel freundlicher* Ach so, ne Meinungsumfrage. Wen fragste denn da alles?

INTERVIEWER Einen repräsentativen Querschnitt. Also junge und alte Leute, Frauen und Männer, Arbeiter und Angestellte ...

DER JUNGE MANN Und was bin ich?

INTERVIEWER Wie meinst du: Was bin ich? Ein junger Mann halt.

DER JUNGE MANN Arbeiter oder Student?

INTERVIEWER *peinlich berührt* Woher soll ich das wissen? Man sieht's den Leuten doch nicht an der Nasenspitze an.

Der junge Mann Nee? Na, mir ist's egal. Ist das nicht eigentlich langweilig, immer das gleiche fragen, von wegen Homosexualität?

Interviewer Na ja, manchmal schon. Ja, vielen Dank, ich muß jetzt weitermachen.

Der junge Mann Was isn das fürn Tonband?

Interviewer *genervt* Ein Uher, aber ich muß jetzt ...

Der junge Mann Uher? Hab ich noch nie was von gehört. Ich hab mir jetzt einen Walkman gekauft, von Telefunken. Was hörst du denn so für Musik?

Interviewer Ach, alles mögliche.

Der junge Mann Die neue Depeche Mode ist scharf ...

Interviewer Ja, das hab ich auch schon gehört, aber ich muß jetzt wirklich weitermachen. *Geht schnellen Schrittes ein paar Häuser weiter zu einem dicken ältlichen, mit Plastiktüten bepackten Mann, der von einer Frau mit erloschenem Blick begleitet wird.* Was halten Sie von Homosexualität?

Der Dicke *krächzend, undeutlich, einen bizarren Dialekt sprechend* Ney, ney, ney. Houmousäxuällä, dey Swoulen sind das, herste Margret, das sind dey Swoulen ...

Seine Frau Watte davon hältst, hatta gefracht!

Der Dicke Ney, ney, ney de de, wenn de den immer rreynstäckän, dey Swoulen, da rreynstäckän, inne anre Seyte, un wiesä anjezourän sind, näch, ney, ney, ney, damals ne äch da warnwa in Jäfangänscharft, da warn da ouch solche Tiepen, die warn dann aber poa Tare späta wäch, newwa, ney, so was geyt donni, dasse da imma reynstäckän, inne anre Seyte das Teil reynstäckän ...

Seine Frau Wir müssen noch zur Apotheke.

Der Dicke *unbeirrt* Iwwi Ihn ma was sarn: dey Swoulen, dey brauchen mich nech, newa, und ich brauch dey Swoulen nech. Ney ney da immer rreynstäckän, da im Hintergrund, wo anre Leyde mit off Doledde geyn ...

Der Interviewer Danke für Ihre Meinung. *Zu einem schick gekleideten Mann um 35* Was halten Sie von Homosexualität?

Der Mann *affektiert* Ach, das ist ja hübsch! Volkes Stimme in O-Ton. Heißassa. Herbes und Derbes zum Schmunzeln und zum Stirnerunzeln, ja, das ist doch immer wieder schön. *Einen militärischen Ton imitierend* Rübe ab! Arbeitslager! *Altjüngferlich flötend* Aber es sind so herzensgute und kultivierte Menschen, an denen sich so mancher mal ein Beispiel nehmen sollte ...

Interviewer *verunsichert* Und was denkst du persönlich?

Der Mann Ich gehe öfter in die Oper, da krieg ich manches mit.

Interviewer Wie meinst du das?

Der Mann *albern* Ach, Jungchen, bist du naiv. Enthusiasmus 1, aber sonst? Aber mach dir nichts draus. Es kann ja nicht jeder Oriana Fallaci sein. Übrigens, haben wir uns nicht schon mal irgendwo gesehen?

Interviewer Nein, ich glaube nicht.

Der Mann Das hätte mich allerdings auch sehr gewundert. Tschüß, viel Spaß noch.

Interviewer *zu sich selbst* Scheißjob! Blöde Tunte! Der fette Kerl mit der Plastiktüte hatte ganz recht ... und wer in aller Welt ist Oriana Fallaci?

Dürrenmatt

– Na, Fräulein, was sitzenwa denn so alleine herum? Was lesenwa denn Schönes?

– Dürrenmatt.

– Was?

– Dürrenmatt.

– Ach, Dürrenmatt. Sagense mal Fräulein, habense nicht Lust, mit mir heute abend ins Kino zu gehen?

– Ins Kino? Nein!

– Nein?

– Nein.

– Sie lesen wohl lieber Dürrenmatt!

– Ja.

– Na, dann lesense doch Ihren Dürrenmatt.

Pubertät

Tochter, Mutter, Vater

T Mutti, krieg ich deine rote Kette?

M Die ist dir zu eng.

T Ist doch ein Gummiband drin.

M Sie ist im Hängeschränkchen.

T Oh, danke Mutti, die rote Kette ist so toll.

M Wozu brauchst du sie eigentlich?

T Ich will mit Atze, Pit und Wampi ins Jugendfreizeitheim.

M Geschwister Scholl?

T Nee, von Ossietzky. Im Geschwister Scholl gibt's doch nur Pepsi.

M Laß die Schaufel nicht wieder stehen.

T Nee, Mutti. Soll ich mich auf den Tisch legen?

M Hol erst mal den Eimer, die Schaufel und das Zentimetermaß.

T Oh, Mutti, miß mich, toll!

M Du wirst untenrum zur Frau. Du wirst jeden Tag zwei Zentimeter stärker.

Der Vater kommt.

V Jedes Mal, wenn ich nach Hause komm, liegt dieses Mädchen auf dem Tisch!

M Ich muß sie täglich messen.

V Und wo sie jetzt überall Haare bekommt.

M Das Mädchen wird zur Frau.

V Das ist deine Interpretation.

Der Vater geht.

T Mutti, sind morgen Termine?

M Zwei Reporter und Bundesmädchensprecher Schädel. Halt mal die Schlaufe.

T Bundesmädchensprecher Schädel! Den finde ich so nett!

M Er will dir eine Urkunde überreichen. Jetzt den rechten Fuß in den rechten Eimer. Und schön stillhalten.

T Hast du mit Papa über die größere Wohnung geredet?

M Das wird sich alles finden. Herr Schädel hat uns auch seine Unterstützung zugesichert. So, jetzt kannst du aufstehen.

T Oh, Mutti, toll. Kann ich jetzt gehen?

M Von mir aus ja. Ich ruf den Transporter an. Und paß auf die Schaufel auf.

T Ja Mutti, tschüß!

Die Mutter verabschiedet sich von ihrer Tochter, wischt den Tisch ab und füttert die Fische. »Wie gelassen die Mädchen das heute alles hinnehmen«, sagt sie zu sich selbst und denkt mit Schaudern an den Sommer 1966, in dem sie am liebsten alles hingeworfen hätte.

Was für ein Elternhaus

– Kind, möchste heut bei Babba schlafen, hä?

– Nee, ich möcht bei Muddi schlafen, dou!

– De Muddi is seit sieben Jahren dout!

– De Muddi dout? Des wüßt ich aber!

– De Muddi is dout. Komm zu Babba!

– Nee, de Babba kratzt!

– De Babba kratzt?

– De Babba kratzt!

– De Muddi dout, de Babba kratzt, nu komm schon Kind, ziehs Höschen aus!

– De Muddi dout, de Babba kratzt, nee, was is des fürn Elternhaus!

Wissenswertes über Erlangen

Merken Sie sich eines:
Erlangen liegt nicht im Sauerland.
Hier rechts das neue Schwimmzentrum
zum Schwimmen, Trimmen, Sonnenbaden.
Diese Seite Erlangens ist weithin unbekannt.

Hier links steht eine Kirche.
Sie wurde erbaut in der Vergangenheit
von einem Baumeister aus dem Sauerland.
Insbesondere sonntags wird sie
von gläubigen Erlangern gern besucht.
Das religiöse Leben Erlangens
ist breitgefächert und sehr interessant.

Chor der beeindruckten Reisenden:
Das ist ein netter junger Mann!
Was der sich alles merken kann!
Es gibt ja so viel Wissenswertes über Erlangen!

Jetzt kommen wir zum Marktplatz,
im Volksmund auch das Stadtzentrum genannt.
Hier stehen das alte Rathaus
und das neue Shoppingzentrum.
Hier stehen Vergangenheit und Gegenwart dicht beieinander.
Diese Seite Erlangens ist es wohl
weshalb man sagt – und dies zu Recht –
Erlangen ist eine Stadt der Kontraste.

Einzelne Dame:
Sagen Sie mal, junger Mann,
ich hätte eine Frage:
Sind Sie ein echter Erlanger?

Jaja, ich bin ein waschechter Erlanger.

Einzelne Dame:
Ach ja, wirklich! Wissen Sie, ich liebe den Humor der Erlanger. Dieser Mutterwitz! Und die Erlanger sind so gastfreundlich und dem Modernen aufgeschlossen und dennoch traditionsbewußt!

Schwatzende Damenwelt:
Ja, das stimmt, die Erlanger sind wirklich gastfreundlich. Aber hier liegen ja so viele Zigarettenkippen auf der Straße. Also, Lieselotte, bei uns in Bielefeld ist es aber viel sauberer!

Na, hören Sie mal zu: Die Bielefelder sind doch so mundfaul!

Also, wenn ich auch mal was sagen darf: Am gastfreundlichsten sind doch die Iserlohner. Und die jungen Leute in Iserlohn: Immer so gepflegt. Sicher, Jeanshosen, die haben sie ja heute alle an, da hat man ja auch nichts gegen, aber sauber müssen sie sein.

Die jungen Leute in Erlangen sind doch auch sehr nett. Grüßen im Treppenhaus, wenn man sie trifft.

Ich hab mal eine Führung durch das Edelstein-Museum – Sie wissen: Idar-Oberstein – gemacht, da hatten wir auch einen wunderbaren Führer. So ein Student, lange Haare ja, aber sehr hilfsbereit.
Die Idar-Obersteiner sind überhaupt sehr hilfsbereit.

Da müssen Sie aber Glück gehabt haben. Ich war mal im Marmeladen-Museum Bad Schwartau, da hatten wir eine Führerin. Ach, die zotteligen Haare hingen der immer so ins Gesicht, und auch in den Mund, wenn sie sprach. Nee, widerwärtig war das.

Ja, die im Norden sind ja sowieso ein eigenartiger Menschenschlag.
So humorlos, so trocken.

Ja, genau: humorlos. Ausgesprochen humorlos!

Bis die mal den Mund aufkriegen!

Das kann man von den Erlangern ja gottseidank nicht behaupten.
Die haben ja eine ganz besondere Herzlichkeit. Und wenn man mal in ein Gasthaus geht, da ist auch gleich immer so ein Flair. Das gibt's eben nur in Erlangen.

Also, ich komme aus Wolfsburg. Die Stadt hat doch auch ein ganz eigenartiges Flair. Man kann das gar nicht richtig beschreiben.

Haben Sie denn in Wolfsburg auch so ein Woolworth, wo man mal einen Kaffee trinken kann, so schön mittags?

Aber um noch mal auf Bielefeld zurückzukommen: Schön ist es ja, die alten Giebel und das, aber die Bielefelder sind ja so ein ruheloses Volk. Kommen nie zur Ruhe, auch nachts nicht. So was Hektisches. Die haben kein Sitzfleisch.

Aber Hauptsache, sie haben das Herz auf dem rechten Fleck.

Ja genau, also ich war neulich in Pakistan. Als wir da am Flugplatz ankamen, standen da welche rum, also als ob sie gleich den Dolch zücken würden. Aber wenn man sie dann so friedlich zu ihrem Buddha beten sieht, immer ein Lächeln auf den Lippen, obwohl die Leute doch recht ärmlich leben, da dachte ich mir: Nee, das darf man nicht verallgemeinern. Es gibt überall solche und solche.

Ja, das stimmt. Man darf nie die Leute über einen Kamm scheren.

Alle zusammen:
Ja, es gibt überall solche und solche . . .
Ja, es gibt überall solche und solche . . .

Salzburg, Hilton, 1972 an einem Sommerabend

Zehn Mark, Remington – das müssen Sie verstehen – das war damals viel Geld. Das war auch für mich sehr viel Geld damals ...

David, noch ein Scotch!

... und auch Reisen, *for instance*, zum Beispiel – das war Abenteuer. Heute geht das schwupps, *Paris–New York*, in fünf Stunden ist man da. Früher hat man da wochenlang Angst gehabt vorher. Hab ich Angst gehabt vor meinem ersten Flug! Und die großen Koffer damals, diese Überseekoffer ...

... Jean Clublander war damals noch völlig unbekannt. Das war bessere Statisterie, was die gemacht hat, war noch ganz *second league* ...

... Ach Remington, Moskau! Da bin ich das erste Mal seit Jahren U-Bahn gefahren. Und Erich, das war komisch, sprang bei jeder Haltestelle auf und rief: »Jetzt missma raus, jetzt missma raus«, und bei jedem Bahnhof wieder. Er konnte natürlich die Stationsschilder nicht lesen, kyrillisches *alphabet*, da sah für ihn natürlich eins wie das andere aus. Er war ja auf eine Art ein ganz unselbständiger Mann ...

... mein zweiter Mann, der Franz, der war da ganz anders. Das war ein Kerl, den konnte nichts umhauen. Eine Kraft hatte der – da war was, was er auf jeder Party vorführte: Er nahm einen Apfel in die Hand und zerquetschte ihn mit einer Hand. Das mußte er immer wieder vorführen. Die Leute wollten das sehen, immer wieder sehen. Da war dann nur noch Mus über.

... Ja, mit einer Hand. Nur ein einziges Mal ist ihm das nicht gelungen, und zwar 1937 – wir waren noch in Berlin

– auf einem Geburtstagsfest von der Gerda Strohmeyer. Alle waren da: Der Mechtersheimer, Hilde Holm, die Nora Moritz, der Faustmann, alle, und da ist es ihm nicht gelungen. Die müssen ihm einen unreifen Apfel gegeben haben oder einen zu kleinen. Aber das hat ihn auch nicht aus der Bahn geworfen, der hat nur gelacht, und damit hatte sich das.

... Ob ich Berlin wiedersehen will? Ich weiß es nicht. Ich glaube nicht ...

... Mein Vater hatte ein Geschäft in der Friedrichstraße. Ein schönes großes Wäschegeschäft. Aber das ist ja bestimmt alles weg. Ich würde ja nichts wiederfinden ...

... Sagen Sie mal, Remington, sagt man eigentlich noch *knorke*?

... *Knorke*. Das sagten die Berliner, wenn etwas *wonderful* war, wenn etwas wirklich doll war. *Knorke* ...

... sagt man nicht mehr ...? Und jetzt trinken wir noch einen Scotch und fahren dann ins Hotel, ja ...?

David, zwei Scotch!

– Zwei Scotch?

Ja, zwei. Einen für Herrn Remington und einen für mich.

– Herr Remington ist vor einer Stunde gegangen.

Kommt erst in einer Stunde?

– Nein. Gegangen! Er ist vor einer Stunde gegangen.

Vor einer Stunde. Ja, dann rufen Sie mir ein Taxi ins Hotel.

– Das ist nicht nötig.

Nein, natürlich nicht. Der Franz, der hatte wirklich eine ungeheure Kraft ...

Kleine Sachkunde

Sachkundeunterricht in der 3c. Die noch etwas unerfahrene Lehrerin, Frl. Bachmann, fragt die Kinder nach ihren Berufsvorstellungen.

FRL. BACHMANN Na Corinna, was möchtest du denn einmal werden, wenn du groß bist?

CORINNA Krankenschwester!

FRL. BACHMANN Aha, sehr schön. Und die Swantje?

SWANTJE Auch Krankenschwester!

FRL. BACHMANN So! Wenn so viele kleine Mädchen Krankenschwester werden wollen, wird es ja bald gar keine kranken Menschen mehr auf der Welt geben! Und Mike, was willst du werden?

MIKE Automechaniker!

FRL. BACHMANN Aha, Automechaniker. Und was ist mit Ulf?

ULF Auch Automechaniker!

FRL. BACHMANN Ui, wenn so viele kleine Jungen Automechaniker werden wollen, wird es ja bald gar keine kaputten Autos mehr geben! Und Anna, was ist dein Berufswunsch?

ANNA Ich möchte gerne Leiterin des Instituts für Faschismusforschung an der Universität Cambridge/USA werden.

FRL. BACHMANN Na, das ist aber ein ungewöhnlicher Beruf ... Hannes, was möchtest du für einen Beruf haben, wenn du einmal groß bist?

HANNES Automechaniker!

FRL. BACHMANN Du auch? Na ja, warum nicht. Es gibt ja sehr viele Autos auf der Welt, manche Leute sagen auch, es gibt viel zuviel zuviel zu viele, da kann es ja gar nicht zu viele Automechaniker geben. Ulrike, nun bist du dran!

ULRIKE Ich weiß nicht.

FRL. BACHMANN Warum denn nicht? Sag doch mal!

ULRIKE Nein, ich kann nicht.

FRL. BACHMANN Vielleicht auch Krankenschwester? Das ist doch ein sehr nützlicher Beruf.

ULRIKE Nein, ich weiß nicht!

Die Schülerin reagiert sichtlich verstockt. Ständig blickt sie auffallend ängstlich zu ihrer Mitschülerin Anna. Diese meldet sich plötzlich zu Wort.

ANNA Ich weiß, was die Ulrike hat. Sie will genau wie ich Leiterin des Instituts für Faschismusforschung in Cambridge/USA werden. Doch ich hab ihr gesagt, daß das nicht geht, weil das nur einer sein kann. Genau wie Schulrektor oder Papst, und sie will das einfach nicht wahrhaben.

Es schellt. Der Unterricht ist vorüber. Rascheren Schrittes als gewöhnlich verläßt die junge Pädagogin das Klassenzimmer in Richtung Lehrerbücherei. Entgegenkommende meinen später, sie etwas von einem pädagogischen Handbuch murmeln gehört zu haben.

Frühlingselend am Lago di Como

Bellagio, den 30. 4. 84

Ein rostendes Fahrrad liegt im Gebüsch
gleich einem vergessenen Orakel.
Die Mauern sind alt und übersät mit Geflecht
und unleserlichem Gekrakel.

Der ölige See liegt breit in der Gegend.
Es ist windstill und dreizehn Grad Celsius.
Im Vorbeigehn flüstert ein Mann mir zu,
daß jeder von uns einmal sterben muß.

So streife ich langsam durch welke Gärten
vorbei an vernagelten Villen.
Die Gesichter der Menschen, die ich seh,
sind versteckt hinter riesigen Brillen.

Ein kleines Hotel steht müde am Ufer.
Die Menschen darin sprechen niemals ein Wort.
Es sind drei alte Weiber und ein behindertes Kind.
Ich glaube, sie wohnen schon immer dort.

Ein Verwechslungsfall im Wintersportmilieu (ohne Lilian Harvey)

Heinz Rühmann fährt im offenen Wagen durch ein schneebedecktes Dorf. Zwei ältere Passantinnen werfen sich auf einmal mitten auf die Fahrbahn und bitten schüchtern um ein Autogramm.

Heinz Rühmann hält natürlich an.

Heinz Rühmann möchte etwas sagen, doch etwas hindert ihn daran, und zwar ein recht hübscher, wenn auch nicht mehr ganz neuwertiger Gartenstuhl, der ihm auf der Zunge liegt. Er entfernt ihn aus dem Munde und erklärt den Damen leicht errötend:

»Das ist Lilian Harveys Gartenstuhl. Ich wollte ihn auf die Veranda zurückbringen, doch leider – so was kommt vor – verwechselte ich Lilian Harveys Veranda mit meinem eigenen Mund . . .«

Die Damen freuen sich und schmunzeln und sagen: »Nanu.«

». . . wegen des ähnlichen Geruchs vielleicht«, fügt Heinz Rühmann hinzu.

Die Damen bekunden ihr vollstes Verständnis.

Heinz Rühmann schenkt ihnen den Stuhl und fährt weiter.

Man sieht den Damen ihre große Freude an:
So was ist viel persönlicher als ein Autogramm.

Türklinke im Ärmel

Ein SM-Fragment

Millionärin, lesbisch zwar (Frisur: Gigi; Make-up: René), doch gottseidank kein Krebs, stolpert: Mistding, der Legendenkübel! Mit melassenassem Fuß schellt sie schrill nach mir: Ich eile – Zack, verflucht, wie schon so oft: die Türklinke im Ärmel. Diese engen Zimmer. Wink des Schicksals? Besten Dank, Wink, doch was will die Alte von mir? Müssen die Brunfelsien im Wintergarten schon wieder gegossen werden? (Hoffentlich nicht umtopfen!) Was soll's: Die Herrin ist gerecht, obwohl: Sie tadelt auch mal milde, wenn ich magenschonend trink. Tante Bart hat heut Geburtstag. Da kommen die kahlgeschorenen Damen mit den dicken Teppichtaschen mit lauter Hökersachen drin. Millionärin, lesbisch zwar, doch gottseidank kein Krebs, will wieder mal mein After-Shave, und dann baut sie behende ein Arrangement aus Beistelltischchen, wobei ich helfen darf und muß, doch schon geht die Klingel. Eine Dame, Schwester Urda, will was singen. Ich spiel Klavier mit wehen Nerven, ein Lied, das, wie die Herrin meint, den Brunfelsien gefallen dürfte, und eines von Klabund. Dann knie ich, die Damen bestehen lachend darauf, auf einem Beistelltischchen nieder. »Strafi« heute körperlich. Auch körperlich muß sein. Hinterbrill die Glatzenfrauenaugen triefen, lauern usw.: Ja, »Strafi« jetzt auch körperlich. Tränen sind schreckliche Tricklinsen; höre ich Pferdegetrappel? Jetzt versink ich in den Teppich. Im Pavillon erwach ich nicht viel später wie ein Embryotenor in einem künstlichen Paris. Über meinen Hinterkopf streift feste eine dick beringte Hand – doch schon heißt es wieder »Marsch« und ab ins Haus, den Wannenstöpsel suchen, im Afrikanischen Salon. Ich rase – Zack, verflucht, schon wieder: die Türklinke im Ärmel! Erwache, erwache, was tust du hier, und das in deinem Alter? Aber von draußen her grölt es schon wieder – Die Damen sind alle mit Kleidern im Teich. Ich krieche nach Krümeln und Korken. Die Herrin hat zwar Fehler, aber gottseidank keinen Krebs.

Die Visitenkarte einer Frau

Nachts, am Rudolf-Schwedler-Damm. Aus einem *Alt-Girl-Container* der Stadtreinigung dringen Schreie.

Rette mich! ruft ein gar nicht übles Piepsstimmchen, *ich bin hier reingefallen, als ich meine Schwester suchte. Die hat Vater gestern totgeschlagen, die hat aber noch den tollen Glänze-Ring an ihrem Finger. Den wollt ich haben.*

Die Stimme reizt mich. Dem Mädel soll geholfen werden, denke ich mir, lange in den Container, greife ein zuckendes Körperteil und ziehe es heraus: ein Fuß. Aber was für einer! Voller Hornhaut und Schrammen, von den eingewachsenen Nägeln ganz zu schweigen. Nein danke. Die Füße sind schließlich die Visitenkarte einer gepflegten Frau.

Am nächsten Morgen. Vater und Mutter streiten am Frühstückstisch. Mutter ist CDU, Vater mehr SPD. Irgendwann reicht's ihm; er gibt's ihr mit dem *Weiberhammer.*

Beim Runtertragen habe ich die untere Hälfte. Mein Gott, die Füße! Es gibt doch heute so viele Mittel. Daß Mutter da so nachlässig war, ist mir eigentlich nie aufgefallen. Es ist mir peinlich.

Auf dem Weg zum *Alt-Girl-Container* begegnen uns ziemlich viele Leute. Ich versuche, Mutters Füße in meine Jacke zu stecken, doch es klappt nicht. Ich bin puterrot, als wir beim Container ankommen.

Ausgerechnet beim Reinwerfen fährt eine Freundin von Mutter vorbei. Sie winkt uns zu. Na ja, die Füße wird sie wohl vom Auto aus nicht gesehen haben.

Rhododendron

– Ach schaunse doch mal, der Rhododendron, wie der blüht ...

– Ja herrlich, die Blüten ...

– Herrlich, nicht?

– Das kann man nicht anders sagen.

– Nein, das kann man nicht.

– Auf der Mainau gibt es ja auch herrlichen Rhododendron ...

– Auf der Mainau?

– Da gibt es sehr viel Rhododendron!

– Ja, und ob es da viel Rhododendron gibt! Wunderbar, all diese ... äh ... Blüten!

– Mein Mann sagte immer: Das ist ein richtiges Farbenmeer!

– Das ist ein sehr guter Vergleich!

– Das ist ein herrlicher Vergleich!

– Ein Farbenmeer hat er immer gesagt, wenn wir da gesessen sind.

– Ein sehr guter Vergleich. Und sehr schön sitzen kann man da.

– Herrlich sitzen kann man da. Sagen Sie mal, Frau äh, die Spange von Ihrer Nichte, zahlt die eigentlich die Kasse?

– Welche Spange?

– Die Zahnspange von Ihrer Nichte, ob die die Kasse zahlt?

– Ja, das zahlt die Kasse. Das zahlt die Kasse voll und ganz.

– Eine gute Kasse!

– Eine herrliche Kasse!

– Ach, aber dieser Rhododendron. Sagense mal ehrlich: Ist das nicht einfach herrlich?

– Herrlich, und wie das duftet.

– Ja, das duftet, das muß man wirklich sagen.

– Dufte, sagen doch immer die Berliner, wenn sie aus dem Café, wie heißt das Café noch, kommen.

– Café Kranzler heißt das Café.

– Ja, Café Kranzler in Berlin! Da gibt's doch noch son anderes Wort ...

– Knorke.

– Ja, knorke. Das sagen die Berliner tagaus, tagein, von früh bis spät, bei Arbeit und Vagniejen und mitten in der Nacht. Das ist son typisches Berliner Wort.

– Am Kurfürstendamm gibt es ja auch viel Rhododendron.

– Was? Da gibt's doch überhaupt kein Rhododendron!

– Na, und ob es da viel Rhododendron gibt.

– Ach Frau äh, nein, im Gegenteil: Mein Mann sagte immer, das ist so eine richtige Steinwüste. Eine Steinwüste: Das hat er immer gesagt, wenn wir da gesessen sind.

– Das ist aber kein guter Vergleich.

– Der Vergleich ist ausgezeichnet. Alles grau und trist, kein Baum, kein Kraut, kein Rhododendron.

– Ein scheußlicher Vergleich!

– Warten Sie mal: Sechzig Prozent trägt die Kasse, doch nicht alles.

– Was für eine Kasse?

– Die Kasse von der Spange.

– Ach so, ja die Spange.

Die beiden Frauen blicken schweigend auf den Rhododendron. Nach einer Stunde gesellt sich eine dritte Dame hinzu und fragt:

– Ist das nicht herrlich, wie das blüht?

– Was?

– Wie der Rhododendron blüht.

– Ach so, der Rhododendron.

Ein Arzt, wie er nicht sein soll

– Herr Doktor, ich wills kurz machen: Mein Rücken ist *über und über* von einem Ausschlag bedeckt!

– Igittegitt!

– Ach, Herr Doktor, ich wollte Sie ja nicht erschrecken, aber schauen Sie sich das doch bitte wenigstens mal an!

– Um Gottes Willen! Das ist ja ekelerregend! Na, dann kommse mal mit ins Wartezimmer!

– Ins Wartezimmer! Ja, wieso denn ins Wartezimmer?

– Ja, das wernse dann schon sehen, wasse im Wartezimmer sollen. Na los, kommse her, hier gehts lang ... Meine lieben Damen und Herren! Sehr geehrte Patienten! Schaunse sich doch bitte mal diesen Rücken an! Der ist *über und über* von einem ekelerregenden Ausschlag bedeckt.

STIMMENGEWIRR ÜBERAUS ANGEWIDERTER PATIENTEN:

Igitt! Wie abstoßend! Das ist ja widerlich! Der ganze Rücken mit Knötchen und Pusteln *förmlich übersät!* Und daß er das auch noch so im Wartezimmer zur Schau stellt, so vor all den anderen Patienten! Manche Leute haben ja gar kein Schamgefühl! Und das muß doch furchtbar jukken! Sagense mal junger Mann, juckt denn das nicht fürchterlich? Junger Mann: ob das juckt?

– Ja, das juckt manchmal schon schlimm ... Also Herr Doktor, die Situation ist mir jetzt aber *etwas* unangenehm!

– Das kann ich mir vorstellen, daß Ihnen das unangenehm

ist. Das wäre mir nämlich auch unangenehm, wenn ich einen so widerwärtigen Ausschlag hätte, und den dann auch noch in aller Welt vorführen müßte. Das wäre wahrscheinlich jedem hier äußerst unangenehm. Aber Kopf hoch, nehmses mit *Humor*. Gehnse zu meiner Sprechstundenhilfe, lassense sich ne Salbe geben, und Sie werden sehen, in ein paar Tagen ist der Ausschlag wie weggeblasen ...

Zurück in die Heimat

– Tag, Frau Dr. Stahl, na, Besorgungen gemacht?

– Ja, so dieses oder jenes, was man so braucht.

– Na, Hauptsache gesund.

– Warum seh ich Sie denn im Abschiedsgewand? Und wozu dient die übergroße Hutnadel? Sieht ja fast aus wie der Bogen von einem Kontrabaß.

– Es *ist* der Bogen eines Kontrabaß. Mein Onkel Jeremias spielte dieses Instrument, als meine Mutter mich gebar. Und nun fahr ich nach Bitterfeld, wo meine Wiege stand. Denn dort, wo meine Wiege stand, dort will ich auch begraben sein.

– Da wünsch ich Ihnen gerne Spaß. Auch ich plane, kurz nach Sonnenwend zu meinem Vaterhaus zu reisen.

– Wo kommen Sie denn her?

– Aus Teufelswalde an der Pegnitz, zwischen Suhl und Sauerfurt.

– Ach ja, das ist der Ort, wo kurz nach der *Großen Wertereform* mein Bruder bei der Maibaumwache erstochen wurde.

– Ach, was fürn Zufall. Na, dann viel Freude auf der Reise und guten Rutsch.

– Guten Tag, Frau Dr. Stahl.

Unter schlechtem Einfluß

EINE LEHRERIN, FRAU DR. KOCH-NEUENBURG Konjugieren Sie »mettre« im Passé simple! Hilde Winter!

HILDE WINTER Je mis, tu mis, il mit, nous . . mi . . . mimames . . .

KOCH-NEUENBURG Falsch! Fünf! Setzen! Frl. Weiß!

FRL. WEISS Je mis, tu mis, il mit, nous . . . mi . . . mimi . . . mimimimes . . .

KOCH-NEUENBURG Mimimimes, mimimimes! Quatsch! Falsch! Fünf! Setzen! Swantje Wagner!

SWANTJE WAGNER *Kaugummi kauend* Je mis, tu mis, il mit, nous . . . miss . . . mi . . . mi . . .

KOCH-NEUENBURG *erhitzt* Das wird ja nie was! Herrschaften: Mîmes, mîmes, mîmes! Mîmes heißt das! Mich würde ja mal brennend interessieren, was Sie gestern gemacht haben, gelernt ja wohl offensichtlich nicht!

SWANTJE WAGNER *weiterkauend* Was ich gestern gemacht habe? Also, zuerst waren wir im Take-Off, doch da warn nur ganz unscharfe Typen, da bin ich rüber in den Scotch-Club, da hab ich dann noch Atze, Pit und Wampi getroffen und dann sind wir wieder zurück ins Take-Off, da war inzwischen mehr los, und dann kam noch Miriam, und mit der bin ich dann noch . . .

KOCH-NEUENBURG *glühend* So detailliert wollte ich das gar nicht geschildert haben. Aber hören Sie mir mal gut zu: Deklinieren lernt man nicht in Discotheken! Schreiben Sie sich das hinter die Ohren!

SWANTJE WAGNER *mit dem linkischen Hochmut eines verkom-*

menen Backfisches Mit Filzer oder Kuli? Außerdem bin ich keine Gummipuppe . . .

KOCH-NEUENBURG Freches, blödes Frauenzimmer! Schluß jetzt damit! D e k l i n i e r e n . . .

SWANTJE WAGNER *in albern-nachäffendem Tonfall* . . . lernt man nicht in Discotheken, deklinieren lernt man nicht in Discotheken . . .

EINE PUBERTÄR KNARRENDE KNABENSTIMME *leise, von ganz hinten* Aber deflorieren!

KOCH-NEUENBURG *tosend* Andreas! Das gibt einen Tadel! Und einen für Swantje Wagner! Wo ist das Klassenbuch? Und die Eltern rufe ich auch an! Wo ist eigentlich Frl. Schwab?

FRL. WEIß Die ist nicht da. Vielleicht ist sie krank.

Die Tür geht auf. Frl. Schwab, die Klassenerste, betritt den Raum.

KOCH-NEUENBURG *sehr erstaunt, aber freundlich* Frl. Schwab, wo kommen wir denn jetzt her um zwanzig nach acht?

FRL. SCHWAB *eigentümlich singend* Nieder mit der bürgerlichen Moral, hihihi. Nieder mit der bürgerlichen Moral, hihihi.

KOCH-NEUENBURG Was ist denn mit Ihnen los, Frl. Schwab? Geben Sie vernünftig Antwort!

FRL. SCHWAB *wie unter dem Einfluß von Rauschgift* Nieder mit der bürgerlichen Moral, hihihi. Nieder mit der bürgerlichen Moral, hihihi . . .

KOCH-NEUENBURG *Entsetzliches ahnend* Um Gottes willen, um Gottes, Gottes willen! Frl. Schwab, raus hier! Gehen Sie nach Hause! Raus, raus, raus jetzt!

FRL. SCHWAB *hinausgehend* Nieder mit der bürgerlichen Moral, hihihi. Nieder mit der bürgerlichen Moral, hihihi ...

*

Frau Koch-Neuenburg telephoniert mit Frl. Schwabs Mutter.

KOCH-NEUENBURG Ich habe Ihre Tochter vorhin vom Unterricht nach Hause schicken müssen.

FRAU SCHWAB Mein Gott ja, das habe ich kommen sehen.

KOCH-NEUENBURG Was ist denn bloß los mit der Cornelia? Seit wann geht denn das schon?

FRAU SCHWAB Ach Frau Doktor, seit gestern nach der Tagesschau. Ich ging in ihr Zimmer, weil ich sie holen wollte, es kam nämlich »Ein Platz für Tiere«, und das sieht meine Tochter ja zu gerne. Sie hat ja auch alles mit diesen Tierpostern vollgeklebt in ihrem Zimmer. Und wie ich dann komme und ihr sage: Komm runter, da schaut sie nur abwesend und fängt mit diesem Gesinge an »Nieder mit der bürgerlichen Moral« und so weiter, und hört gar nicht wieder auf damit. Mein Mann hat ihr dann eine geschwalbt, dann war Ruhe, aber heute morgen beim Frühstück fängt sie wieder an. Also das ist ja alles wegen ihrem neuen Freund. Die Jugendlichen sammeln ja so früh Erfahrungen, ich hab immer gesagt: Ich weiß nicht, ob das gut ist so früh. Und dieser Freund, dieser Kalle, das ist ein ganz scheußlicher Kerl. Zehn Jahre älter als die Conny, keine Arbeit, und will wohl auch keine haben. Und wie der rumläuft. Nichts gegen die Ledermontur, aber so schmierig, unrasiert und kaputte Zähne. Und eine Ausdrucksweise hat der, also ich würd mich schämen, nur Zoten und so Straßenwörter. Und politisch scheint da auch was am Laufen zu sein. Ach, mein Mann hat gepredigt, gepredigt, gepredigt, aber es hilft alles nichts.

KOCH-NEUENBURG Ich werd mich wohl mal mit dem Mann unterhalten müssen.

FRAU SCHWAB Entschuldigen Sie, es hat geklingelt. *Geht zur Tür, Cornelia Schwab tritt ein und läßt ihren Singsang erklingen: Nieder mit der bürgerlichen Moral, hihihi* ... Hören Sie, Frau Doktor, das ist die Conny ...

KOCH-NEUENBURG Sagen Sie ihr doch bitte, ihr Freund möchte morgen um 12 Uhr 30 zu mir ins Lehrerzimmer kommen.

FRAU SCHWAB *rufend* Hörste Conny, ich telefoniere mit Frau Dr. Koch-Neuenburg, die möchte den Kalle sprechen, morgen um halb eins im Lehrerzimmer ...

FRL. SCHWAB Ja Mutti. Nieder mit der bürgerlichen Moral, hihihi ...

*

Im Lehrerzimmer. Frau Dr. Koch-Neuenburg korrigiert Klassenarbeiten. Ohne anzuklopfen, kommt ein äußerst ungepflegter Mann wild gestikulierend herein.

KALLE Oh, die Scheißbullen, die Scheißbullen. Ich muß pppissen, ich muß pppissen. *Läßt Wasser auf die auf dem Tisch liegenden Arbeitshefte.*

KOCH-NEUENBURG *erstaunlich gefaßt und sehr autoritär* Unterlassen Sie das. Ich habe mit Ihnen zu reden.

KALLE Schnau-tze! Scheißbullen, Scheißpäddagohn, Scheißbullen ...

KOCH-NEUENBURG *zischelnd* Still. Cornelia Schwabs Leistungen haben rapide nachgelassen, und Sie sind meines Erachtens nicht ganz schuldlos daran.

KALLE Schnau-tze! Los, Titten auf den Tisch!

KOCH-NEUENBURG *seltsam zögernd* Na, hören Sie mal, Herr äh Kalle . . .

KALLE Pack die Titten auf den Tisch!

Frau Dr. Koch-Neuenburg schweigt. Sie hat Schweiß auf der Stirn, reibt sich die Augen und stellt verdutzt fest, daß von dem primitiven Wesen des Mannes eine eigentümliche Anziehungskraft ausgeht, der sie nicht widerstehen kann. Sie öffnet ihre Bluse und breitet ihre Brüste auf dem Schreibtisch aus.

KALLE Ei ei obergeil! Jetzt Fut!

KOCH-NEUENBURG *erst langsam und noch innerlich widerstrebend, dann wie von einer schweren Last befreit jauchzend* Nieder mit der bürgerlichen Moral, hihihi . . .

Der Sommerverächter

»Was machen jetzt all die Insekten? Ob die sich unter die parkenden Autos setzen und warten, bis alles vorbei ist?« denkt sich der Sommerverächter, als er aufgrund eines Wolkenbruches das Zimmerfenster schließt, was ihm gut paßt, denn so hört er nicht das Gekreisch der halbnackten Menschen auf den Nachbarbalkonen, die Bier und Gebäck in Sicherheit bringen. Während er so nur angenehmes Prasseln und Platschen vernimmt, fällt sein Blick noch einmal auf die Postkarte, die ihm seine Freundin aus ihrem Urlaubsort im hohen Norden zugeschickt hat. Er beschließt, mit einem kleinen Brief zu antworten, setzt sich auf seinen Balans-Stuhl und schreibt: »Meine Liebe! Ich hätte jetzt gern einen Mantel an. Am liebsten den beigen Dufflecoat, den wir in Shetland gekauft haben, der mit den großen Taschen, in die das Telephonbuch einer kleinen Großstadt und noch mehr reinpaßt. In der Welttemperaturentabelle der ›Neuen Zürcher Zeitung‹ habe ich gelesen, daß es in Reykjavik nur sieben Grad hat. Wie ich dich beneide! Ich habe mir heute ein elektronisches Thermometer gekauft, mit Zehntelgradanzeige. Zwischen 18.00 und 22.30 (jetzt) ist die Temperatur in der Wohnung nur von 27,4° auf 27,2° zurückgegangen. Wenigstens regnet es. Weißt du eigentlich, was die Mücken bei Regen machen? Ich meine, wenn eine Mücke von einem dieser riesigen Regentropfen getroffen wird, müßte sie doch eine Gehirnerschütterung bekommen. (Macht die Hitze mich geckenhaft reden?) Alles Liebe, bis zum Herbst, dein Sommerverächter.«

Er geht zum Kleiderschrank, holt seinen Dufflecoat heraus, nimmt ihn in den Arm, ja: Er umarmt seinen Mantel, der ein wenig muffig riecht und längst mal wieder ins Freie müßte. Er zieht den Mantel an, stellt sich vor den Spiegel, erschrickt wie immer ein wenig über sein rotes Schweißantlitz und denkt: »Am besten seh ich aus, wenn ich ein wenig friere. Auch frierende Frauen sind hübscher. Habe ich nicht einmal zwei frierende junge Spanierinnen mit gelben Rucksäcken fotografiert? Der Kasten mit den Fotos seiner vielen Nordlandreisen müßte im Buchregal stehen. Der Sommerverächter geht hin, und ihm fällt ein zerlesener kleiner Band in die Hand, Adalbert Stifters berühmte Schilderung eines Schneesturms im Bayerischen Wald. Er steckt sie sich in die Manteltasche; vielleicht wird er sie heute noch einmal lesen. Herrlich, was alles in den Mantel hineinpaßt! Alles: Geldbörse, Zigaretten, Einkaufsbeutel, Notizbuch und Lektüre für den Bus. Wohin damit im Sommer, zur mantellosen Zeit? Gute Taschen und Beutel gibt es nicht. In die kleineren paßt nichts hinein, und in den großen ist man ständig am Kramen, weil alles darin verschwindet. Die Menschheit wird niemals in Frieden leben. Das ist sicher. Aber genauso sicher ist, daß die Menschheit niemals eine anständige Tasche, eine sowohl praktische und unverwüstliche als auch geschmacklich ansprechende, zustande bringen wird. Es lebe daher die Manteltasche! Und nieder mit dem Sommer! Derlei denkend oder murmelnd, knöpft sich der Sommerverächter den Dufflecoat zu, geht runter auf die Straße und tritt in ein Lokal. Die Gespräche der Gäste verstummen. Man betrachtet ihn mit Argwohn, stellt Fragen, erhält keine Antwort, und schließlich wird gejohlt. Der Sommerverächter trinkt hastig ein Bier; Schweißtropfen brennen wie Kräutershampoo in seinem hundemüden Augenpaar. Er wirft dem kaum bekleideten Gastwirt ein Geldstück hin und geht. Wieder zu Hause angekommen, schreibt er einen Brief. Er weiß noch nicht, an wen:

»Als ich das letzte Mal eine Freiheit genoß, gab ich mich

verschlossen gegenüber welchen, die Auskunft wollten. Die Freiheit bestand darin, ohne was zu reden, Gewagtes schamlos zu behaupten. Diejenigen, die Auskunft wollten, waren einerseits Frauen mit dreieckigen Ohrringen und andererseits Männer, deren Berufe direkt oder indirekt von der Autoindustrie abhängen. Menschen also, denen sich Gewagtdenker gerne mal verschließen. Nun sitze ich aber hier, wo Dreieckigkeit und Autofabrikation kaum je eine Chance hätten, nennenswerten Applaus zu ernten, d. h. in meiner Wohnung. Hier kann ich es wagen, genannte schamlose, aber deswegen nicht kurzsichtige oder obszöne Behauptung zum Klingen zu bringen und so zur Diskussion zu stellen.

Die Behauptung lautet: Viele Menschen hassen den Sommer. Doch niemand ist verpönter als einer, der den Mut besitzt, sich und andern einzugestehen, daß er dem Sommer nicht nur für sich persönlich keine gute Seite abgewinnen kann, sondern ihn regelrecht haßt und ihm den Vorwurf macht, an Übellaunigkeit und Antriebsschwäche schuld zu sein.

Dabei hat auch der Sommer durchaus schöne Tage, an denen es nur 15 Grad hat, ein freundlicher Wind die Windjacken wölbt und der Himmel die durstige Schöpfung labt. Doch dann wird gemault und gejammert, und die Medien überbieten einander mit langweiligen, leutseligen Wetterbedauerungen.

Doch freilich sind's die heißen Tage, die uns Sommerverächtern am meisten auf die Nerven gehen. Sofort reißen sich die Leute die Kleider vom Leibe und finden es offenbar völlig normal, in Unterwäsche Kunden zu bedienen, Kinder zu unterrichten oder Kirchen zu besichtigen. Das Geld, was sie an der Kleidung sparen, wird dann für Urlaube in bratpfannenheißen Ländern ausgegeben. Mit verkohlten Visagen kehrt man zurück, sieht aus wie die

Kinder von Seveso, hält es dabei aber für erstrebenswert, wie das Opfer einer Giftgaskatastrophe auszusehen.

Die Unverkohlten werden getadelt: Man solle mal an die Sonne gehen und wie man bei so schönem Wetter in der Bude sitzen könne. Wagt man es dann, kleinlaut darauf hinzuweisen, daß Sonnenbäder die zweithäufigste Krebsursache nach dem Rauchen darstellen und daß man dann doch lieber rauche, wird man zum Miesepeter und Sonderling erklärt. Rauchen kann man im Sommer sowieso nicht unterwegs. Wo soll man denn die Zigaretten hintun? Wenn man sie in die Gesäßtasche tut, werden sie zerquetscht. Trägt man sie aber in der Brusttasche des Hemdes, sieht es aus, als habe man einen Busen. Und sonst? Was ist dran an wespenumschwirrten Abfallbehältern, schokoladeneisverschmierten Kindermündern und öffentlichen Bädern, wo einem Kinder auf den Kopf springen und man Menschen beobachten kann, die nicht wissen, wie man im Liegen raucht?

Doch es sind nicht solche kleinen Unerfreulichkeiten, die einen zum Sommerverächter werden lassen, sondern die gnadenlose Sommereuphorie, die nichts anderes als sich selber duldet und die schon so viele, die an ihr nicht teilhaben konnten, in den Tod getrieben hat. Daß hierzulande die Selbstmordrate keineswegs im November, sondern im Mai, Juni und Juli am höchsten ist, muß direkt jenen angelastet werden, die in buntgeschürzten Gruppen munter schwatzend mit Sportgerät und Laken den Parkanlagen entgegenstreben. Wer wagt es schon, einer solchen frohen Meute entgegenzurufen: Ich bin anders als ihr! Kaum einer. Die meisten fügen sich, nur um nicht abseits zu stehen, dem sommerlichen Irrsinn, lassen sich heimlich leidend den Leib verbrennen, machen also, wie es heißt, gute Miene zum bösen Spiel. Andere resignieren und sterben. Hier gilt es, Mut zu zeigen und Hilfe zu leisten.«

Der Sommerverächter hält inne, denkt nach, versieht das Geschriebene mit dem Postskriptum: »Diese Zuschrift soll als Aufruf zur Gründung einer Selbsthilfegruppe verstanden werden«, steckt es in einen Umschlag und schickt es an eine große Zeitung. Da gerade Sommerloch ist, Ereignisse also zu faul sind, sich zu ereignen, wird der Brief prompt abgedruckt. Tausende Zuschriften folgen im Nu. Rasch wird ein Verein gegründet, ein Clubhaus wird gebaut an einem kühlen Ort, wo regelmäßig Geselligkeiten und Ingmar-Bergman-Retrospektiven stattfinden. Prominente Sommerverächter sind gerngesehene Talkshowgäste, da sie meist geistreich sind und kaum jemals Berufe haben, die direkt oder indirekt von der Autoindustrie abhängen. Sommerverächter emanzipieren sich landesweit, alles wird besser. Man hört auch bereits von vereinzelten Mischehen, die aber naturgemäß Ausnahmen bleiben werden.

Junger Mann, der sich eine Schallplatte gekauft hat

Ich bin gern in Ungarn, obwohl es sprachlich wohl ein wenig hübscher wäre zu behaupten, ich sei *ungern in Ungarn.* Abgesehen davon, daß ich durchaus nicht ungern in Ungarn bin, hätte ich unheimlich ungern eine ca. 13jährige Tochter, die neben mir im Café säße und ein mit englischsprachigem Unsinn bedrucktes rosa Leibchen trüge, das sie sich von meinem sauer erwirtschafteten Geld »geholt« hätte. Tränke sie eine Tasse Schokolade und bestellte daraufhin eine zweite, die sie aber nach wenigen Schlucken beiseite stellte, weil ihr übel würde von so viel Kakao? Genau so wäre es, und für die beiden Schokoladen müßte selbstverständlich ich blechen. Es gibt auch keinen Zweifel daran, daß sie fettiges, strähniges Haar, schlechte Zensuren und als ersten Freund jemanden hätte, der ausgerechnet *Achmed* hieße:

»Vati, darf ich heute mit Achmed flippern gehen?«

»Weder flippern noch mit Achmed wirst du!«

»Nichts darf man hier. Alle anderen in meiner Klasse . . .« etc.

Danach würden Türen knallen, das dumme Ding schmisse sich unter ihre *David-Hasselhoff-Poster*, um schallend ein wenig zu weinen, aber kaum eine Stunde später sähe man sie rausgeputzt und aufgekratzt mit einer Horde anderer Töchter und morgenländischer Jünglinge durch die Fußgängerzone einer jener deutschen Mittelstädte vagabundieren, in denen Eltern mit dermaßen fadem Nachwuchs kraft Gesetz zu wohnen haben. Mir ist ganz behaglich dabei zumute, daß der Wind bislang darauf verzichtet hat, meinen Samen in eine jener Höhlen zu wehen, in denen solche Töchter entstehen.

Ich sehe da einen jungen Mann die Straße entlanggehen.

Er trägt eine quadratische Plastiktüte. Ich bin fast sicher, daß da eine Langspielplatte drin ist. Völlige Sicherheit ist aber ausgeschlossen; denkbar wäre auch, daß die Tüte ein enorm großes, quadratisches und extrem flaches Stück Hartkäse enthielte. Ich meine aber, daß ich mich nicht lächerlich machen würde, wenn ich mich entschieden für die LP-Version stark machte.

Nun gut, der Junge hat sich also eine Schallplatte gekauft, von seinem eigenen Geld hoffentlich. Von meinem jedenfalls nicht. Das ist mir schon erheblich lieber als die doofe 13jährige Tochter.

Es könnte natürlich auch sein, daß sich der junge Mann gar keine Platte gekauft hat, sondern gerade dabei ist, eine von einem Freund geliehene nach Hause zu tragen, um sie z. B. auf Kassette zu überspielen. Allerdings sieht die Tüte viel zu fabrikneu aus, als daß sie dieses Denkmodell untermauern könnte.

Doch möglicherweise ist der junge Mann einer, der pfleglich mit Tüten umspringt oder jemand, der zerknitterte Exemplare gerne glattstreicht, damit keiner denkt: »Dieser junge Mann trägt eine völlig abgenudelte Tüte, in der eine abgedudelte Platte von annodazumal steckt«, sondern: »Ah, da kommt ein junger Mann, der sich durchaus eine nagelneue Schallplatte leisten kann, eingespielt von führenden Vertretern der aktuellsten rhythmischen und melodischen Tendenzen!« Aber: Wer bügelt schon Tüten? Und was soll das ganze Denken und Erwägen und Entgegenhalten? Das wäre ja z. B. schrecklich, daß man, wenn man auf der Straße eine Dame sieht, die in ihrem Einkaufsnetz eine Zitrone mitführt, analysieren müßte, ob sie die Zitrone soeben gekauft oder von einer Freundin geliehen habe, oder ob sie auf dem Wege sei, eine geliehene Zitrone deren ursprünglichem Besitzer zurückzubringen. Und, oh, vielleicht hat sie die Zitrone gar gestohlen! Das wäre gemein! Einer Zitronendiebin würde man in der Straßenbahn keinen Sitzplatz anbieten, und sollte die Dame vor meinen Augen in eine Pfütze stürzen, würde ich ihr nicht aufhelfen, sondern mich großtun und schreien: »Jaja, so eine Pfütze ist der ideale Ort für eine Zitronendiebin wie Sie!«

Solche Gedanken sind aber ungerecht. Menschen, die für falsche Schlußfolgerungen empfänglich sind, werden durch sie nachgerade verleitet, Passantinnen in Pfützen zu stürzen, nur weil sie Zitrusfrüchte dabei haben. Still und höflich sein Leben fristen, Damen in den Mantel helfen, auch solchen mit Zitronen, ja, Damen mit gestohlenen Zitronen in eine von mir aus vollständig zusammengestohlene Garderobe zu helfen, das ist nobel.

Nun sitzt der junge Mann, der sich die Schallplatte gekauft hat, in der Straßenbahn und ich ihm gegenüber. Er schaut in seine Tüte und versucht so, die auf der Plattenhülle abgedruckten Informationen zu lesen. Leichter fiele ihm das, wenn er dazu die Platte aus der Tüte herausnähme, doch sensibel ist er: Will nicht, daß ich sehe, was für eine Platte er sich gekauft hat. Es könnte ja sein, daß er auf gut Glück eine ihm unbekannte Platte gekauft hat und fürchtet, daß ich die Platte kenne und wisse, daß sie ein abstoßendes Machwerk bar jeglicher rhythmischen und melodischen Erkenntnisse sei und deshalb denke: »Nein, so ein netter junger Mann und so eine abscheuliche Platte! Da hat das Leben mal wieder ein mattes Drehbuch geschrieben!« Daß ihm diese Situation nicht gefiele, kann ich gut verstehen. Auch ich war mal ein junger Mann, der sich eine Schallplatte gekauft hat.

Ich habe mir, genauer gesagt, sogar andauernd Schallplatten gekauft und weiß daher, daß dies mit sehr dramatischen Erlebnissen verbunden sein kann, besonders wenn man in eines jener kleinen Geschäfte geht, die darauf spezialisiert sind, Platten von Gruppen feilzubieten, die kein Mensch kennt mit Ausnahme der Leser bestimmter Zeitschriften, die ausschließlich über Gruppen berichten, die kein Mensch kennt. Einen solchen Laden zu betreten, erfordert Mut und Selbstbewußtsein, doch ich ermanne mich:

Der Plattenhändler steht wie üblich am Tresen und schenkt seinen drei Lieblings-, Stamm- und Busenkunden gerade Kaffee ein. Tapfer sage ich: »Hallo.« Es folgen grausame Zehntelsekunden, doch endlich formen die Lippen des Händlers ihrerseits ein »Hallo«, und ja, er kennt sogar meinen Namen! »Puh, das ist ja noch mal gutgegangen«, denke ich und mache mich daran, den Neuerscheinungskasten zu erforschen, obwohl ich eigentlich etwas ganz Bestimmtes von einer berühmten, schon seit vielen Jahren existierenden Gruppe möchte, aber es gibt ein sensibles Problem: Die Platte ist bereits vor gut einem Vierteljahr erschienen, und eine Platte, die alles andere als ein Geheimtip ist, drei Monate *zu spät* zu erstehen ist etwas, was einen in der Wertschätzung eines solchen amtlichen Plattenhändlers zur zwar für den Geschäftsgang lebensnotwendigen, aber doch keineswegs namentlich bekannten und sicherlich nicht mit Handschlag begrüßten *Laufkundschaft* degradiert. Hätte ich die Platte doch gleich nach Erscheinen gekauft! Ich hätte bloß erklären müssen: Ja, ich find das ja auch nicht mehr so toll, was die heute machen, aber ich habe halt von Anfang an alles von denen gekauft, und der Sammeltrieb will ja befriedigt sein. Das hätte der Händler gewiß verstanden. Vielleicht könnte ich aber irgendeine obskure Import-Maxi nehmen und die Platte von der weltberühmten Gruppe quasi darunterschieben und, sollte der Händler komisch gucken, einfach sagen: »Ach, die ist für meinen kleinen Cousin . . .«

Mein Sinnieren wird nun unterbrochen, da ein Ömchen

sich verirrt hat. Unsicher blickt es umher und sagt zum Händler: »Ja, meine Enkelin hat nächste Woche Geburtstag, und ...« Die Augen des Plattenmannes und seiner Lieblingskunden, die inzwischen beim Cognac angelangt sind, nehmen einen entrüsteten Ausdruck an, doch die kleine Frau versteht das Signal nicht und fährt fort: »... und da hätte sie gern *eine Platte von der Tina Turner* ...« »Tina Turner führen wir nicht«, versetzt der Händler, und wer bislang nicht wußte, was Verachtung ist, der weiß es jetzt; die Alte schaut sich noch einmal um – »Ach, ist das hier doch kein Schallplattengeschäft?« – und nachdem sie sich getrollt hat, herrscht Ausgelassenheit im Laden, »meine Enkelin hat nächste Woche Geburtstag, hahaha«, wird immer wieder nachgeäfft, und ich kaufe die obskure Import-Maxi und zwar nur die.

Meine *The Cure*-Platte habe ich mir dann lieber in der Phonoabteilung eines Warenhauses in einem Außenbezirk gekauft, aber was macht inzwischen eigentlich der junge Mann aus der Straßenbahn? Er ist ausgestiegen und wird von mir verfolgt, weil ich unbedingt wissen möchte, was für eine Platte in seiner Tüte steckt. Das wirkliche Leben hat sich nun leider eine unerhört überkandidelte Pointe für sein müdes Drehbuch ausgesucht. Ein Autor, der so was dreist erfände, würde garantiert nie zu einer stattlich dotierten Würdigung kommen, sondern müßte vielmehr sein karges Dasein damit fristen, daß er vor angetrunkenen Jungbohémiens in stickigen Kelleretablissements Lesungen durchführt. Von Schreibern wird ja bekanntlich viel mehr Logik verlangt als vom wirklichen Leben, welches sich also folgende Verschraubung in sein Drehbuch schmierte:

Der junge Mann, der sich die Schallplatte gekauft hat, läuft durch eine Straße. Außer ihm und mir ist noch eine ältere Dame unterwegs, welche ausgerechnet eine Zitrone in ihrem Einkaufsnetz hat. Nun schreit der junge Mann der Dame ins Gesicht: »Zitronendiebin!« stößt sie in eine zufällig anwesende Pfütze und macht sich davon.

Ich will ihn nicht verdammen. Wer weiß, was er durchgemacht hat? Aus diesen kleinen Import- und Raritätenläden kommt man ja oft völlig zerrüttet heraus. Ich muß nun natürlich als höflicher Mensch der Dame aus dem Schlamm helfen, obwohl ich fürchten muß, daß sie mich für den halten wird, der sie so ungalant in die Horizontale befördert hat, und daß mir daher ein schönes Donnerwetter bevorsteht. Und richtig, kaum daß sie wieder aufrecht steht, fängt sie an, mir Schuld zuzuweisen und mit ihrer Zitrone auf meinen Schädel einzuschlagen.

Aber welch wunderbarer Singsang liegt in ihrem Schimpfen! Ist das nicht das liebe Deutsch der Ungarn? Und wie ich der Dame mit einem Zellstofftaschentuch den Kot aus dem Gesicht wische, gewinne ich nach kurzem Zweifel die schweißtreibende Erkenntnis, daß ich soeben *Marika Rökk* aus einer Pfütze gefischt habe. Nach gewissem Debattieren gelingt es mir, der Künstlerin glaubhaft zu machen, daß nicht ich der Übeltäter gewesen bin, und ich gehe mit der schlammtriefenden Diva in ein Weinlokal, wo wir vortrefflich miteinander plaudern.

Sie sei ja jetzt wieder zu gern in Ungarn, sagt sie, früher in der kommunistischen Zeit, da sei sie immer ein bißchen ungern in Ungarn gewesen, aber jetzt . . . Ja, jetzt, pflichte ich ihr bei, jetzt habe ich für Menschen, die ungern in Ungarn sind, gar kein Verständnis mehr, aber damals, während der kommunistischen Mißwirtschaft, da sei ja wohl so ziemlich jeder ungern in Ungarn gewesen, aber noch weniger gern hätte ich damals eine ca. 13jährige Tochter gehabt, die neben mir im Café gesessen und auf meine Kosten heiße Schokolade getrunken hätte, bis ihr schlecht geworden wäre, und die immer Ausländer angeschleppt hätte, die zwar nicht unsympathisch gewesen wären, das nicht, aber ja nun mal doch, Hand aufs Herz, Frau Rökk, Sie sind doch da kompetent, eine ganz andere Mentalität haben, wenn nicht sogar einen anderen Hormonpegel. Essen die nicht sogar Singvögel? So ganz unsere Welt ist das ja nicht, ihre doch wohl auch nicht, verehrte Frau Rökk.

Die Tochter, die ich glücklicherweise nicht habe, ist, wenn man so sagen darf, mittlerweile den Ausländern entwachsen. Achmed studiert Tiefbau in München, Dragan sitzt wegen Drogenhandel, und Süleyman wurde von Rechtsradikalen auf offener Straße dermaßen übel zugerichtet, daß meine Tochter sich, wie sie meinte, schweren Herzens von ihm trennen mußte. Ein paarmal hatte sie ihn natürlich im Krankenhaus besucht, aber nach einigen Monaten war klar, daß da wohl schlimme Narben bleiben würden, und als Sülli, so der Kosename, zum x-ten Male bei uns aufkreuzte, machte meine Tochter ihm ein für allemal klar, daß das jetzt vorbei sei. Wenn man als Deutsche mit einem Ausländer gehe, werde man ja sowieso schon schief angesehen, und jetzt, wo er so verunstaltet sei, werde das ja noch schlimmer, da würde sie sich ja doppelt diskriminiert fühlen, das halte sie nervlich nicht durch. Der arme Sülli fügte sich, meine Tochter heulte ein paar Tage unter ihren Postern herum, und heute hat sie mir ihren neuen Freund vorgestellt. So ein junger Mann mit einer Schallplattentüte in der Hand. Robert heißt er. Nicht unsympathisch. Nein nein, nicht derjenige, der Marika Rökk in die Pfütze stieß. So bündige Schlußpointen schreibt das Leben wirklich nicht. Irgendein anderer halt. Dutzendgesicht. Poussiert mit meiner Tochter herum. Zwei, drei Monate wird es gutgehen, und dann ist der nächste dran. Schluß, aus, keine Pointe.

Die legendäre letzte Zigarette

Jingle. Frauenstimme Berufstip für Mädchen

ER Ich möchte Ihnen heute Frl. Daniela Fricke vorstellen, sie ist 25 Jahre alt, Berlinerin, und auf den ersten Blick wirkt sie wie eine ganz normale, moderne junge Frau, die gerne tanzen geht. Stimmt das?

SIE Ja, das stimmt, ich gehe unheimlich gerne tanzen.

ER Aber wenn Sie dann in der Discothek mit anderen jungen Menschen ins Gespräch kommen und Sie dann nach Ihrem Beruf gefragt werden, dann scheuen Sie sich doch erst einmal, unverblümt Antwort zu geben.

SIE Ich falle natürlich nicht gleich mit der Tür ins Haus. Entweder ich erfinde irgend etwas oder sage das, was ja auch tatsächlich in meine Steuerkarte eingetragen ist.

ER »Justizbeamtin« ist da offiziell eingetragen.

SIE Justizbeamtin.

ER Worunter man sich ja gemeinhin eines jener grauen Mäuschen vorstellt, die bei Gerichtsverhandlungen das Protokoll schreiben. Wir wollen jetzt aber nicht länger um den heißen Brei herumreden, so heiß ist der Brei ja auch nicht, wir wollen die Zuhörer jetzt nicht weiter auf die Folter spannen, wobei in Ihrem beruflichen Zusammenhang von Folter zu sprechen, vielleicht ein klein bißchen makaber ist, ich bitte das zu entschuldigen, Frl. Fricke, Sie sind von Beruf Hinrichtungshostess.

SIE Ja, obwohl: Eigentlich heißt es gar nicht »Hinrichtungshostess«, sondern »Assistentin bei der Vollstrekkung der Höchststrafe«, aber das klingt so blöd ...

Er Wie? Assistentin bei der Vollstreckung der was ...?

Sie Der Höchststrafe. Das klingt blöd, nicht?

Er Nicht nur blöd, das ist ja wieder einmal eine grausame Bürokratenstilblüte. Wer auf so was bloß immer kommt! Das erinnert mich an jene städtische Behörde – welcher Stadt, will ich hier höflich verschweigen –, die Abfallgebührenbescheide verschickt hat und die Empfänger anredete mit: Sehr geehrter Abfallgebührenbescheidempfänger!

Sie Abfallgebührenbescheidempfänger! Das ist ja noch schlimmer als: Sehr geehrter Steuerbürger!

Er Ja, dieses Amtsdeutsch ist eine Pest, gegen die wir hoffentlich nicht mehr lange machtlos sind. Aber zurück zu Ihnen, Frl. Fricke: Wie sieht eigentlich der Alltag einer Hinrichtungshostess aus?

Sie Och, ganz normal. Um halb acht klingelt der Wecker, mein Freund kocht mir Tee, holt frische Schrippen ...

Er Ihr Freund weiß, was Sie beruflich machen?

Sie Natürlich weiß er das!

Er Und da gab's nie Probleme?

Sie Als ich's ihm sagte, mußte er natürlich schon kurz schlucken, aber da kannten wir uns ja schon eine Weile. Als ich ihn kennenlernte, das war nach einem Konzert, der Robby, also mein Freund, ist Rockmusiker, da hab ich natürlich noch »Justizbeamtin« gesagt. Aber inzwischen ist das kein Problem mehr. Ich kann mit dem Robby wirklich über alles reden. Der hat total gute Ansichten.

Er Also, Ihr Freund holt Ihnen frische Brötchen und dann ...

SIE Dann fährt er mich zur JVA.

ER Das heißt »Justizvollzugsanstalt«.

SIE Ja, aber das klingt so blöd. Wir sagen immer nur JVA. Und da zieh ich mir dann meine Uniform an ...

ER Sie haben mir ja vorhin ein Photo gezeigt. Das ist eine sehr hübsche Uniform.

SIE Das ist Ansichtssache. Ich find sie ein bißchen ordinär. Von mir aus müßte der Rock z. B. nicht so extrem kurz sein.

ER Och, Sie können doch so etwas tragen.

SIE Ja, aber z. B. meine Kollegin Dagmar, die wiegt 115 Kilo, die kommt sich schon ein bißchen bescheuert vor. Die ist neulich von einem Exekutanten auch ganz übel angemacht worden, die war den ganzen Tag total sauer.

ER Wie viele Kolleginnen sind Sie denn inzwischen?

SIE Wir sind jetzt 21. Zwei in Berlin, und der Rest ist so verteilt. Nur das Saarland und Mecklenburg-Vorpommern haben noch keine. Die sind noch händeringend am Suchen.

ER Nanu, wieso denn? Es gibt doch auch in Mecklenburg sehr hübsche Mädchen, und selbst im Saarland müßte doch irgendwas Properes aufzutreiben sein. Aber das sind wohl deren regionale Probleme. Nun erzählen Sie uns doch bitte ein bißchen von Ihrem Berufsalltag.

SIE Den muß man sich nicht so aufregend vorstellen. Das meiste ist Papierkram. Todesurteile fotokopieren, Sterbeurkunden versandfähig machen und pipapo. Hinrichtungen haben wir momentan nur ca. zwei am Tag, und bei denen haben wir die Aufgabe, den Verurteilten auf seinem letzten Weg zu begleiten, ihm das letzte Lächeln zu schenken, obwohl das jetzt ein bißchen blöd klingt.

Er Das find ich gar nicht. Das klingt doch sehr poetisch: das letzte Lächeln!

Sie Na ja, das hat sich der Gesetzgeber ja auch so gedacht, daß den Menschen der letzte Gang leichter fällt, wenn sie dabei von einer jungen Frau angelächelt werden.

Er Das finde ich auch einleuchtend. Aber andererseits erwähnten Sie ja vorhin kurz Ihre 115-Kilo-Kollegin. Ich weiß ja nicht, ob das nun so ein trostreicher Anblick für einen Todeskandidaten ist . . .

Sie Die Bemerkung finde ich jetzt aber ein bißchen gemein von Ihnen. Ich weiß, das klingt jetzt blöd, aber als die Daggi anfing, war sie noch total schlank, aber irgendwann hat sie dann diese furchtbare Drüsenkrankheit bekommen, und man kann doch keinen entlassen, nur weil seine Drüsen nicht richtig funktionieren.

Er Ach so, wenn es eine Drüsengeschichte ist, dann tut es mir natürlich leid, Frl. Fricke. Außerdem kann selbstverständlich auch eine Frau von Rubens-Format Anmut ausstrahlen, der heutige Schlankheitskult ist ja sowieso so eine Sache. Aber lassen Sie uns von etwas anderem reden: Sie haben doch sicher auch die Aufgabe, dem Hinzurichtenden diese legendäre letzte Zigarette zu reichen . . .

Sie Ja, wahlweise eine Zigarette oder einen Schokoriegel. Es gibt doch auch sehr viele Nichtraucher. Einmal hatten wir sogar einen, der beides wollte.

Er Die Zigarette und den Schokoriegel? Na, und wie haben Sie da reagiert?

Sie Na, erst mal war ich baff. Das kam in der Ausbildung überhaupt nicht vor. Aber dann hat mich der Scharfrichter so angegrinst, und dann dachte ich, na ja, in so einem Augenblick sollte man vielleicht auch mal fünfe gerade sein lassen. Man muß auch ein bißchen locker sein können.

Er Sie scheinen ja auch ganz originelle Geschichten bei Ihrem Job zu erleben. Erzählen Sie doch mal: Was war denn bislang Ihr aufregendstes Erlebnis?

Sie Na, das war natürlich die Hannelore-Kohl-Hinrichtung. Das war sowieso ein etwas wüster Tag, den werd ich nie vergessen: Ich machte gerade die Hinrichtungssteuer, und Daggi stand am Telefax und faxte Todesurteile nach München. Sie war damals noch ganz schlank. Und plötzlich ging das Telefon, und es hieß: Hannelore Kohl muß sofort hingerichtet werden. Sie sei gerade im Grunewald aufgegriffen worden. Und keine fünf Minuten später war sie da: Vier Polizisten waren bei ihr und hatten Mühe, sie festzuhalten, die gebärdete sich ja wie ein Tier, sie trat, fauchte, schrie, schlug um sich, und sie war völlig nackt, sie war zwar in so einen Polizeischlafsack gehüllt, aber der fiel ständig runter, weil sie so wild herumtobte, und das, obwohl sie ja gerade zehn Tage nackt und ohne Essen durch den Grunewald geirrt war.

Er Ja, die Kondition dieser Frau war ja berüchtigt.

Sie Das kann man wohl sagen. Ich war total nervös, aber ich mußte sie ja natürlich fragen, ob sie eine Zigarette oder einen Schokoriegel will, und da schrie die mich an, ich habe meinen Ohren nicht getraut, also erst jahrelang im Fernsehen die feine Dame markieren und dann so was ...

Er Was hat sie denn geschrien?

SIE Ach, sie hätte in ihrem Leben nie geraucht, und den Schokoriegel, den könnt ich mir ... also das kann ich beim besten Willen nicht wiedergeben, das konnte ich noch nicht mal dem Robby, also meinem Freund, erzählen. Das waren unvorstellbare Ausdrücke ... aus dem Unterleibsbereich. Der Daggi ist auch total schlecht geworden, das war so schlimm, daß sie sich übergeben mußte, und zwar, ich meine, das klingt jetzt blöd, aber sie hat sich in den Telefax übergeben, das Gerät war ruiniert, es kamen merkwürdige Anrufe aus München, was das denn zu bedeuten habe, und kurze Zeit später fing das mit ihrer Drüsengeschichte an. Deswegen fand ich Ihre Bemerkung vorhin ja auch so gemein.

ER Ja, wenn ich die näheren Umstände gekannt hätte, hätte ich mir natürlich auf die Zunge gebissen.

SIE Ach, Schwamm drüber. Die Hinrichtung selber ist dann übrigens ziemlich sang- und klanglos über die Bühne gegangen. Ich habe mir dann auch nicht mehr groß Mühe gegeben, freundlich zu sein, jedenfalls gelächelt habe ich nicht, das können Sie mir glauben.

ER Das glaube ich Ihnen auch, nach dem, was man jetzt über die feine Dame weiß. 3000 Paar Schuhe, das muß man sich mal vorstellen.

SIE Ach, wenn ich bloß an diese angeblichen militärischen Sperrgebiete denke ...

ER Na, in einem wurde doch gerade vor ein paar Wochen wieder eine Villa mit 40 Paar Schuhen und fünf fabrikneuen Videorecordern gefunden, die waren noch originalverpackt ...

SIE Wir sind doch jahrelang systematisch betrogen und belogen worden!

Er Wenn wir doch damals bloß etwas geahnt hätten! Aber jetzt ist der Spuk vorbei, und wir können wieder frei atmen. Aber wir sollten jetzt wieder zu Ihnen, Frl. Fricke, kommen. Eine Frage noch: Was für ein Verhältnis haben Sie denn eigentlich zu den Scharfrichtern, zumal das ja meines Wissens durch die Bank Männer sind ...

Sie Meine ganz persönliche Meinung ist, daß das auch nichts für eine Frau ist, obwohl es ja in anderen Ländern durchaus auch Scharfrichterinnen gibt, z. B. die Anita Chuan aus Singapur, die hat mal bei uns in der Ausbildung ein Referat gehalten, allerdings auf englisch, ich hab eigentlich nur verstanden, daß sie auch wahnsinnig gerne tanzen geht, insofern war sie mir auch ganz sympathisch, und was unsere deutschen Scharfrichter angeht, muß ich sagen, daß der eine oder andere mir natürlich anfangs schon etwas unheimlich war, aber das gibt sich dann, wenn man die privat kennenlernt. Die meisten sind in den Job ja auch nur so reingeschliddert, viele waren vorher Lehrer oder irgend etwas anderes gewesen.

Er Also, Sie selber könnten sich nicht vorstellen, als Scharfrichterin zu arbeiten?

Sie Nee, eigentlich nicht, also, ich weiß, das klingt jetzt blöd, aber ich könnte das irgendwie nicht.

Er Wie wird man eigentlich Hinrichtungshostess?

Sie Man muß über 18 sein, braucht Realschulabschluß, und einigermaßen aussehen sollte man schon. Die Bewerbungsunterlagen kann man direkt an das Deutsche Justizministerium in Berlin schicken.

Er Die Zeit rennt, wenn Sie uns jetzt vielleicht zum Abschluß noch eine besonders witzige oder skurrile Begebenheit aus Ihrem Berufsalltag erzählen könnten ...

SIE Na ja, was direkt Witziges hab ich nicht, eher was Skurriles, würde ich mal sagen. Wir hatten da mal einen Studenten hingerichtet, na ja, und der war, hm, der war so . . . also ich weiß, das klingt jetzt blöd, aber ich kann das irgendwie nicht laut sagen . . .

ER Nur zu! Sie brauchen bei uns kein Blatt vor den Mund zu nehmen.

SIE Kann ich's Ihnen vielleicht ins Ohr flüstern?

ER Ja, von mir aus.

SIE Bs, bs, bs . . .

ER Ach so! Sie meinen, der Herr Student war das Gegenteil von einer kalten Schwester!

SIE Ja, genau.

ER Ja, Frl. Fricke, ein Blick auf die Uhr sagt mir, daß es Zeit wird, mich für Ihr Kommen zu bedanken . . .

SIE Ja, warten Sie, das Skurrile kommt doch erst noch: Den hattense nämlich im Tiergarten in der Nähe der Siegessäule aufgegriffen, im Gebüsch kniend, ein anderer war auch noch mit dabei, aber der ist entwischt, und der, der da im Laub gekniet hatte, der wurde uns direkt zugestellt, das ging ganz schnell, der wollte weder rauchen noch einen Schokoriegel, der hatte es geradezu selber eilig, und wie er dann so in der Schlinge hing, da kam dem dann so eine weißliche klebrige Flüssigkeit aus dem Mund . . .

ER Frl. Fricke!

SIE Also Spucke war das nicht . . .

ER Vielen Dank für Ihr Kommen.

Die Mehrzahl der in diesem Bande versammelten Texte entstammt den Büchern »Mein äußerst schwer erziehbarer schwuler Schwager aus der Schweiz« und »Ungeduscht, geduzt und ausgebuht«, die ein Berliner Verlägchen 1984 bzw. 1988 in den Handel brachte, was von der breiten Öffentlichkeit nicht bemerkt, aber von ihrer kleinen und, wie manche sagen, hübscheren Schwester, der schmalen Öffentlichkeit, mit nach oben weisenden Mundwinkeln, d. h. relativ erfreut gutgeheißen wurde.

Der Verleger war eigentlich prima: Schecks mager zwar, aber pünktlich und gedeckt, Jeanshosen ja, aber sauber, zusammengefaßt: Wir »konnten« miteinander. Oft trafen wir uns im »Tegernseer Tönnchen« und anderen Lokalen im damals noch durch eine unmenschliche Mauer geteilten Berlin, wo ich von der Gelegenheit, ihm ausgiebig an die Spendierhosen zu gehen, bedenkenlos Gebrauch machte, also manches gratis wegschluckte. Gerne nahm ich währenddessen seine Anekdoten aus der Zeit der Studentenbuden und -unruhen in Kauf. Der Tatsache, daß er mit einer angesehenen Schlagersängerin verpartnert ist, verdanke ich manche nützliche Erkenntnis darüber, wie das so ist, mit einer Schlagersängerin verpartnert zu sein. Kurzum ein Verleger, wie ich ihn jedem Kollegen, selbst meinen schlimmsten Feinden, wünsche.

Leider bestand zwischen der angenehmen charakterlichen Disposition meines ehemaligen Verlegers und seinen Erzeugnissen ein Gefälle; die Bücher fielen ab. Das lag nicht an ihrem Inhalt, besonders nicht im Falle meiner beiden Bände, denn ich hatte es für angebracht gehalten, nicht nur blasse sprachliche Koketterien, sondern auch ein wenig Weltliteratur in sie hineinzuschaufeln. Nein, die

Bücher fielen ab, indem sie auseinanderfielen. Ich bitte um Verzeihung, wenn ich soeben einen Sachverhalt, dem es vergönnt sein sollte, diskret umschrieben zu werden, brutal auf den Tisch knallte. Es war aber so, daß ich ein jedes Mal, wenn ich eine schwere Limousine durch die Straße gleiten sah, gezwungen war, zu denken: Ah, das sind die Bosse von der Firma Tesa-Film, die sich am kläglichen Zustand meiner Bücher dumm und dämlich verdient haben. Es kam auch vor, daß ich nach öffentlichen Rezitationsabenden von Bitten, meine Bücher zu signieren, beehrt wurde, aber statt Büchern nur durch Gummibänder zusammengehaltene Loseblattsammlungen gereicht bekam. Als mir das das erste Mal passierte, sagte ich stolz: Oh, das Buch ist ja schon völlig zerlesen. Der Autogrammsammler aber erwiderte: Nein, ich habe nur ein wenig darin geblättert. Selten wurden einem Autor so brutal die Augen geöffnet. Dies zur Erklärung, warum ich einige Zeilen zuvor mit vergleichbarer Brutalität mit Sachverhalten herumgeknallt habe.

Über diese die Bindung oder Leimung meiner Bücher betreffenden Probleme sprach ich einmal mit einem bekannten Schriftsteller. Dieser entgegnete, daß er mir vielleicht unter die Arme greifen könne, da er zufällig mit einem Schweizer Verlag zu tun habe, der über den besten Leim der Welt verfüge, den er in speziellen Leimlabors in unzugänglichen Alpentälern braue. Selbst den ausgebufftesten unter den »Mitbewerbern« – bei diesem Wort mußte der Schriftsteller schmunzeln, ich verstand nicht, tat aber munter mit –, keinem dieser Mitbewerber sei es bisher gelungen, dem Verlag die Formel abzuluchsen, da die Schweizer Leimrezepturverheimlichungsvorschriften verdienten, als die strengsten der Welt angesehen zu werden, und das Land über eine ausreichende Anzahl unbestechlicher Beamter in skurrilen Uniformen gebiete, die über die

Einhaltung von Vorschriften streng wachten. Aus diesem Grunde, fuhr der Schriftsteller fort, sei schon so mancher herausragende Autor, der einen guten Tropfen Leim zu schätzen wisse, diesem Verlagshaus auf den, ich wolle das Wortspiel entschuldigen, Leim gegangen, und er wolle mal sehen, was er für mich ausrichten könne.

Bei der Textauswahl für das aus den eben geschilderten Gründen nun vorliegende unverwüstliche Taschenbuch wurde auf meine Liedertexte weitgehend verzichtet, da diese im Zusammenhang mit der dazugehörigen Musik mehr Aroma entfalten. Unbenommen sei es dem Leser, jetzt in Straßenkleidung zu schlüpfen und den nächsten Schallplattenhändler zu löchern. Ich habe so manche Schallplatte besungen bzw. besprochen oder begrunzt. Den Ausdruck »begrunzt« bitte ich, nicht als ein Indiz für Selbstkritik hinzunehmen. Vielmehr habe ich eine besondere Form des künstlerischen Grunzens entwickelt, die es durchaus wert ist, eingehend .... aber Schluß jetzt: Ihr Mantel hängt am Haken, und er steht Ihnen gut.

Max Goldt
November 1990

Und zum Schluß
ein äußerst schwer durchschaubarer
Zeitungsausschnitt aus der Schweiz:

Zu den kulturgeschichtlich wertvollen Zeugen des früheren Guyer-Zeller-Gutes im Neuthal gehören die Eindolung des Kringelbachs, der gedeckte Einstieg zum Kontrollschacht der Fabrikanlage (obere Bildmitte) sowie der im Hintergrund sichtbare Transmissionsschlitz als integraler Bestandteil der einstigen Parkanlage. (Bild pd)

HEYNE BÜCHER

Julian Barnes

»Julian Barnes' ›Eine Geschichte der Welt in 10½ Kapiteln‹ ist brillant, komisch, gedankenvoll, bilderstürmend und eine reine Lesefreude.« Salman Rushdie

01/8643

Wilhelm Heyne Verlag
München